Corporate Marketing

コーポレート・マーケティング

▶市場創造と企業システムの構築

村松潤一［著］
Muramatsu Junichi

同文舘出版

序　　文

マーケティング研究の細分化が止まらない。それは，深化をもたらす一方で，全体像を見失わせるものでもある。今日，多くのマーケティング研究者がこのジレンマに陥っている。

何故，こうした事態となってしまったのか。それは，社会が短期的・実践的な研究成果を求めてきたことと無縁ではない。また，隣接学問領域からの浸食に対する研究者の逃避の結果ともいえる。マーケティングは，まさにアイデンティティクライシスなのである。とりわけ，後者の問題についていえば，マーケティングの本質と深く関わっている筈であるが，最近において，マーケティングとは何かを巡る議論を聞くことは少なくなっている。いうまでもなく，マーケティングは企業活動として成立したものであり，マネジメントとしてのマーケティング研究に徹底するという方向性が与えられている。そして，いまひとつは，抽象レベルをあげてマーケティングに普遍性を持たせる研究の方向がある。これまでのところ，その何れも成功しているわけではないが，マネジメントとしてのマーケティング研究に拘るには，経営学あるいは経営戦略論との整合性をはかるという厄介な荷を背負う必要があり，そのことが，多くのマーケティング研究者をしてマネジメントとしてのマーケティングを描くことを躊躇させてきた。

しかし，マーケティングがマネジメントの視点から把握されることになった当初から，マーケティングを中心とした企業のマネジメントは，すでにイメージされていたのであり，むしろ，今日まで，それが明確な形で提示されてこなかったことの方が不自然といえるだろう。

本書の目的は，企業のマーケティングをマネジメントとの関係から包括的に捉えることにある。これまでのマーケティング研究を丹念にレビューし，その蓄積を踏まえることで，マネジメントとしてのマーケティングの包括的な把握が可能なことを示すのが，本書の最大の狙いである。そして，そのことを通じてごく自然に逢着するのが，実は本書が提示するコーポレート・マーケティングなのである。すなわち，今，求められているのは，その歴史的・長期的視点にたったマーケティング研究なのである。

さて，企業の中心にマーケティングをおくという考え方は，必然的にマーケティングがトップ・マネジメントの問題として扱われることを意味している。マーケティング研究では，それをマネジリアル・マーケティングと呼んだのであり，また，多角化企業を想定すれば，企業・事業レベルのマーケティングである戦略的マーケティングということになる。ところで，この戦略的マーケティングは，それが成立した1980年代当時，いわゆる競争戦略論が隆盛していたことで，また，「戦略的」という言葉の響きから，わが国では，単純に競争対応のマーケティングとして理解されてしまった。さらに不幸なことに，わが国マーケティング研究は，その後，ブランド研究への過度なる集中へと突き進み，企業のマーケティング活動をマネジメントの視点から全体的に捉えることから遠ざかっていった。このブランド研究への偏重が，経営学や経営戦略論によるマーケティング問題への介入に対する隠れ蓑となったのはいうまでもない。

しかし，繰り返すまでもなく，戦略的マーケティングの本意は，競争対応ではなく戦略レベル対応のマーケティングにあり，企業・事業レベルのマーケティングにある。このことをことさら強調したのが，拙著『戦略的マーケティングの新展開―マーケティング・コーポレーションの創造』(1994年) である。そこでは，1970年代の閉塞経済からの脱却を意図し，多角化企業を念頭におきつつ，1980年代に向けた新たな産業，市場，製品の創造を担うものとして登場したのが，戦略的マーケティングであるとされている。また，いわゆる戦略的経営との重合性についても議論が及んでいる。そして，同じく『戦略的マーケティングの新展開―経営戦略との関係　第二版』(2002年) では，マーケティング研究と経営学や経営戦略論との接点がどこにあるかが明らかにされ，そのことを踏まえたうえで，今後の戦略的マーケティング研究のあるべき方向性が広い視野から示されている。

さて，本書は，直接的には前著第二版で指摘した戦略的マーケティング研究の課題に応えるところから始まっている。すなわち，「第14章 マーケティングと統合問題―戦略的マーケティング研究の新たな道標」で挙げられた4P，経営諸機能，戦略レベル，ミクロ・マクロの統合に，新たにマネジメント・プロセスおよび企業間の統合を加え，これら諸統合に関する議論を本書では積極的に展開している。しかし，ここで何よりも強調したいのは，マネジメント視点に立つこれまでのマーケティング研究の蓄積を踏まえるという，いわば当然のことが，結局，企業の全マーケティングの枠組みを明らかにすることに繋がるという点である。

さて，本書の構成は次のようになっている。

まず，第1部の狙いを伝統的な製品・ブランドレベルのマーケティング・マネジメントから新しい企業・事業レベルの戦略的マーケティングへの変遷を両者を対比させることで明らかにすることにおき，そのために，前著（第二版）の第1章から第7章のうち第3章第1節と第2節を除いた残り部分を5章分に組み直すとともに，第1章第2節ではマーケティング・マネジメントの諸説としてコトラー説を新たに追加し，同じく第3節ではマーケティングの導入と問題点に関する記述に替えて，わが国における初期マーケティング研究について述べることにした。

続く第2部では，マーケティング・マネジメントと戦略的マーケティングは，如何にすれば有機的かつ統一的に把握することができるかを明らかにすることを狙いとし，まずは，戦略的マーケティングが1980年代に何を期待されて成立したかの考察から，マーケティングにおける重要な鍵概念を抽出した（第6章)。すなわち，市場創造と統合である。このうち，統合については，すでに前著において指摘しているものであり，ここでその重要性が再確認されることとなった。そして，これら鍵概念のもとで，マネジメントとの関連から企業のマーケティングを包括することにし，その議論の到達点として，ここにコーポレート・マーケティングと本書が呼ぶ新たなマーケティングの枠組みを提示することにした。すなわち，第7章で企業・消費者間関係と市場創造について言及し，最近，注目されつつあるバルゴ＝ラッシュ(S. L. Vargo and R. F. Lusch)のS-Dロジックについても触れている。さらに，マーケティングにおける統合問題を内部統合と外部統合に区分したうえで，第8章で企業内統合，第9章で企業間統合について議論することにした。また，これら内外統合の紐帯として機能すると考えられる企業文化の問題を第10章で扱う。なお，このうち，第1節と第2節は，拙稿「企業文化としての顧客志向」（経営能力開発センター編『マーケティング』中央経済社，2006年，所収）を加筆・修正し，新たに第3節 市場志向研究の問題点とマーケティング，を追加した。また，補論として，「経営戦略概念の変遷―マーケティングとの関係」を掲載したが，これは，拙稿「経営戦略概念の変遷」（今井斉・宮崎信二編著『現代経営と社会』八千代出版，2004年，所収）を加筆・修正するとともに，新たにプラハラド＝ラマスワミ（C. K. Prahalad and Venkat Ramaswamy）に関する記述を追加したものである。内容的には，各章における議論を補足するものといえる。

さて，本書が提示したコーポレート・マーケティングは，市場創造と統合をマーケティングの本質的課題とし，市場創造については企業・消費者間関係において展開され，そのもとで企業システムが内部的に，さらに，企業間関係として外部的に統合されると考えるものである。この消費者，顧客，市場を起点とした企業システムの構築こそがマネジメントとしてのマーケティングの究極のゴールなのである。

最後になったが，本書の出版に際して特にお世話になった同文舘出版株式会社の取締役市川良之氏に心よりお礼申し上げたい。

2009年1月

村松　潤一

目　　次

第1部　マーケティング・マネジメントから戦略的マーケティングへ

第 1 部

マーケティング・マネジメントから戦略的マーケティングへ

第１部の狙い

今日的な意味におけるマーケティング・マネジメントが成立してから半世紀が過ぎた。その間，紆余曲折はありながらもマーケティング研究におけるいわばマネジリアル・アプローチは揺らぐことはなかった。この第１部では，当初，マーケティング・マネジメントあるいはマネジリアル・マーケティングが描こうとした世界が戦略的マーケティングという形で結実した経緯を明らかにする。

第1章 マーケティング・マネジメントの成立

マーケティングそのものが成立したのは20世紀初頭であるが，マネジメント視点から体系化されたのは戦後のことである。ここではまず，どのような経済的背景の中でマーケティング・マネジメントの体系化が求められ，論者達がそれにどのように応えようとしたのかを明らかにする。そして，マネジメント・レベルの違いがマーケティング・マネジメントとマネジリアル・マーケティングをどのように区分したのかについて検討する。

●第1節● マーケティング・マネジメントの胎動

1. 戦後アメリカの企業経営とマーケティング

戦後の新しい局面のなかで，マーケティング研究も大きな変化をみせることになった。それは，(1)総合的なマーケティング管理，(2)経営管理全般へのマーケティング的接近，(3)企業活動，経営者活動としてのマーケティングとして特徴づけることができる[1)]。それらを具体的にいえば，(1)はマーケティング諸活動の統合，(2)はマーケティングによる他の経営諸活動の統合，(3)はマクロではなくミクロとしてのマーケティングを意味している[2)]。そして，今日まで，マーケティングの名の下に一貫して行なわれてきたのが，ミクロ視点に立ったマーケティング研究であったことを考えれば，改めてここで注目すべきは(1)および(2)の問題であり，それらは，マーケティング・マネジメントおよびマネジリアル・マーケティングとしての理論的体系化の動きであったといえる。

さて，アメリカ企業を取り巻く経営環境，とりわけ，市場環境は，ますます厳しい状況となっていった。すなわち，海外における資本主義市場の縮小，社会主義市場への離脱，経済力のアメリカ集中であり，国内における消費財市場の相対的狭隘化である。一方，巨大化した生産力は，さらなる巨大投資を技術革新に対して行なった[3)]。言い換えれば，アメリカ企業は，巨大な投下資本の短期的・安定的回収という経営課題をここで課せられたのである。いうまでもなく，資本は市場から回収されるのであり，そのことは，アメリカ製造企業をして，市場あるいは流通への関心をますます高めることになり，それまでのような単なる販売をこえた「新しい経営機能」が必要とされることになった。

そうした中で，企業経営が市場調査を注視することになったのはごく当然の成り行きである。ここでの分析結果は，あらかじめ開発すべき製品の内容（品質，機能，デザインなど）の決定に有効に利用されることになる。ところで，こうした一連の活動が大量生産に先行して行なわれるというのは，いうまでもなく大量生産システムの稼働による成果（すなわち，規模の経済性の獲得）を最大化しようと企業経営が意図しているからである。

換言すれば，事前に消費者ニーズを探索し，それに適合すると思われる製品のみを大量生産システムにのせることによって，大量生産に伴うリスクを削減しようとしたのである。一方，生産された大量の製品は，大量販売システムによって効率的に販売されなくてはならない。そのために，人的販売活動の組織化および販売経路の選択と維持といった問題が浮上することになる。さらに，消費者に向けた広告によって，大量の需要を喚起することも必要である。

このように，さまざまな方法を駆使することによって市場あるいは流通に関与することができるが，問題は，これら諸活動がそれぞれ別々に行なわれるのではなく，何らかの視点から統一的に把握され実施されなくてはならないことにある。すなわち，戦後のアメリカ企業にあっては，製品を媒介とした市場に対するさまざまな活動を統合する新しい経営機能の確立が急務となったのである。

2.　企業経営におけるマーケティングの位置

後述するように，この新しい経営機能を我々はマーケティング・マネジメント，さらにはマネジリアル・マーケティングと呼ぶことになるが，ここでは，そのもとに包摂された販売概念を明らかにすることから始める。

一般にマーケティング論では，マーケティングと販売を異なる意味において用いている。たとえば，レビット（T. Levitt）は，販売（selling）は売り手のニーズに焦点があり，マーケティングは買い手のニーズに焦点があると説明しており[4)]，マーケティングと販売の概念上の差異は次のようにまとめることができる。すなわち，販売は，すでに生産されてしまった製品を起点としてそれをどう処理するかを問題とする。これに対して，マーケティングは，その起点を消費者におくものであり，生産すべき製品の決定および生産された製品の有効な販売方法を思考するものである。この意味においても，マーケティングは販売をも包摂した上位概念といえる。

さて，メーカーの経営活動は，機能的な視点から研究開発，購買，生産，マーケティング，財務，労務などに区分することができるが，これらの活動のなかで，マーケティングは他の活動と大きく異なっている。すなわち，第1にマーケティングは，本質的に対外的な活動である。それは，企業と経営環境，とりわけ市場環境との関係を規定するものであり，活動の対象が基本的に企業経営の内部にある他の多くの経営機能とこの点で異なっている。マーケティングのもつこの対外的活動という特質は，マーケティングの概念規定において極めて重要な意味をもつことになる。そして，このことが，マーケティングを他の経営諸機能と同列的に扱うことを困難にさせるのである。

一方，企業経営は，資金の流入と流出という視点からながめることもできる。マーケティングは，その実施のために多くの資金流出をともなうものの，販売活動にみられるように，さまざまな経営機能のうち唯一，資金流入を直接遂行するものである。これが，マーケティングの第2の特質である。

企業経営は，さまざなな機能が有機的に結合することによってひとつの体をなすことができる。その中にあってマーケティングは，企業による製品を媒介とする対市場活動を総称するものとして位置づけられたのであり，その遂行のために，マーケティング諸活動の統合はいうに及ばずマーケティングによる他の経営諸機能の統合を必要としている。なぜなら，対市場活動は企業経営が集約され，その総意として行なわれるものであり，対外的活動としてはマーケティングが唯一の遂行者だからである。

第2節　マーケティング・マネジメントの諸説

さて，企業による製品を媒介とする対市場活動の総称とされたマーケティングは，戦後のアメリカにあってマネジメントの視点から理論的に体系化されることになった。ここでは，その体系化に伴う初期貢献者達を取り上げ，彼らの思考と体系化の過程を明らかにする。そこでまず，これらの議論を容易にするために，マーケティング・マネジメントの一般的な考え方について概括することから始めよう。

1.　マーケティング・マネジメント概念

一般に，マーケティング・マネジメントは，経営管理論でいう管理過程学派（management process school）の考え方に基づいて説明されてきた。それは，マネジメントをひとつのプロセスとして把握するもので，その構成要素としては，計画，実施，統制がある。マーケティング・マネジメントも以下のようにこれら3つのプロセスに分けて考えることができる。

①　**計　　画**―達成すべきマーケティング目的・目標を明らかにするとともに，そのマーケティング目的・目標を達成するための方法を決定することが，マーケティング計画の主たる役割である。計画は，それが想定する期間という視点から長期計画と短期計画に区分することができる。前者は，いわば将来のあるべきビジョンを示すもので，その計画期間も極めて長期にわたる。これに

対して，後者の場合の計画期間は短期であり，内容も日々の具体的な業務活動を規定するものである。また，計画は，それを実施するタイミングという問題にも留意すべきである。たとえば，製品の市場導入時の計画と製品が成熟段階にある場合の計画とでは，その内容は明らかに異なっている。

② **実　施**—計画の執行は，組織化と指揮・調整などからなる。まず組織化とは，なされるべき諸活動を決定し，その諸活動をグループ分けしたのち，人材やその他の経営資源を割り当てることをいう。そして，割り当てられた人材，その他の経営資源による諸活動は，計画段階で設定されたマーケティング目的・目標にそうように指揮・調整されることになる。この指揮・調整も執行における重要な機能といえる。

③ **統　制**—さて，計画の進行プロセスにおいては，その進捗状況をチェックしたり，問題点を明らかにして，ときには計画そのものの変更を行なったりする。また，最終的には，実績が計画どおりのものかを一定の基準に基づいて評価し検討する。そして，その結果は新たな計画にフィードバックされ，次のマネジメント・プロセスの精度を高めることに繋がっていく。その意味において，このフィードバックは，マネジメント・プロセスにおいて重要な役割を担っており，それは，マーケティング・マネジメントを2次元的なサイクル・プロセス，さらには3次元的なスパイラル・プロセスとして把握することを示唆するものといえる。

そこで次に，こうしたマーケティング・マネジメント概念がその初期貢献者達によってどのように構築されていったのかをみることにする。

2. ハワード説

マーケティング・マネジメントの体系化にあって，まず，最初に検討すべきと思われるのがハワード（J. A. Howard）である。彼は，1957年に*Marketing Management：Analysis and Decision*を著わし，その第1章の冒頭で，「マーケティング・マネジメントは，販売の広い問題を取り扱う，経営管理の一分野である」と規定し，さらに，「マーケティング・マネジャーは，通常，価格，広告とその他の促進，販売管理，製造すべき製品の種類，および利用すべきマーケティング経路の5項目の意思決定に責任をもっている[5)]」とした。このように，ハワードのマーケティング・マネジメントは意思決定の問題としてマーケティング・マネジメントを捉えると同時に，マーケティング・マネジャーが考慮すべき意思決定項目を明確にしている点に第1の特徴がある。

そして，第2の特徴は，マーケティング・マネジメントの本質を企業による変化する経営環境への創造的適応として理解している点である[6)]。すなわち，ハワードは，マーケティング・マネジャーにとって統制可能な要素（マーケティング諸手段[7)]）と統制不可能な要素（マーケティング環境）に区分し，その職務は，統制可能なマーケティング諸手段を用いて統制不可能なマーケティング環境に創造的に適応することとしたのである。

しかしながら，この初版では，マーケティング・マネジメントの伝統的なフレームワークであるマネジメント・プロセス概念は登場していない。ハワードにおいて，マーケティング・マネジメントを意思決定，計画，統制というマネジメント・プロセス概念をもって把握したのは，第3版の *Marketing Management：Operating, Strategic, and Administrative*, 1973である[8)]。

何れにせよ，ハワードのマーケティング・マネジメント体系は，それまで個々に取り上げられ研究されてきた製品，販売管理，広告，価格決定，マーケティング経路などのマーケティング諸手段を企業経営におけるマネジメントの視点からマーケティング・マネジメントとして統一的に把握したものであり，その後のマーケティング・マネジメント研究の進展に極めて大きな影響を与えたといえる。

3.　マッカーシー説

ハワードがその初版を著わした3年後の1960年に，マッカーシー(E. J. McCarthy）による *Basic Marketing：A Managerial Approach* が公刊された。ハワードとの関連において述べるなら，マッカーシーは，ハワードが統制可能とした要素を4つのP，すなわち，product（製品），place（場所），promotion（プロモーション），price（価格）として表現した。さらに，その4つのPの中心にC，つまり，consumer（消費者）をおき，消費者をマーケティング努力の焦点としたのである[9)]。

したがって，マッカーシーの体系は基本的にハワードにそっており，その意味においてハワードの延長線上にある。しかし，ハワードにあっては，需要という統制不可能な要素として埋没していた消費者が，統制不可能ながらもマーケティング活動の焦点として位置づけられたこと，また，統制可能な要素が4つのPのもとに集約された点にその貢献をみることができる。特に前者の問題については，マーケティングにおける消費者志向理念に通じており，そのことを明示的にマーケティング・マネジメント体系の中に組み込んだ意義は極めて高いといえる。

ところで，マッカーシーがマネジメント・プロセス概念を本格的に取り入れたのは，1964年の改訂版においてである。彼によれば，マネジメントは次のような3つの基本的な職務をもっている[10)]。つまり，(1)全般的な計画あるいは戦略を提示すること，(2)その計画の執行を管理すること，(3)トータル・プログラムを評価し，分析し，統制すること，である。

これら3つの職務は，相互に関連しているが，統制と計画の間には情報のフィードバックがあり，したがって，3つの基本的な職務からなるマネジメントは，そのプロセスにおける継続性をもつことになるという。以上が，マッカーシーのマネジメントに対する考え方であるが，さらに彼は，マーケティング・マネジャーの職務もこうした一連のマネジメント活動の遂行にあるとの認識を提示した[11)]。

ところで，初版ですでにみられたことだが，マッカーシーはマーケティング・マネジメントの中心的な職務は，戦略を計画することにあるとしており[12)]，したがって，マーケティング戦略の策定を特に重視し，以下，その実施，統制あるいは評価をマーケティング・マネジメントのプロセスとして理解している。このようなマーケティング戦略を中核としたマーケティング・マネジメントの考え方は，マッカーシーの特徴でもある。

4. ケリー説

さて，1965年に*Marketing: Strategy and Functions*を著わしたのがケリー(E. J. Kelley) である。彼によれば，マーケティングは企業のマーケティング諸問題，あるいは販売，広告，物流などと関係のある領域，マーケティングの特殊な諸手段，そして，マーケティングの組織およびマネジメントの中心となるものだという[13)]。すなわち，ケリーは企業経営の中心的機能を担うものとしてマーケティングを位置づけており，その直接の担当者としてマーケティング・マネジャーを想定している。ところで，ここにマーケティング・マネジャーは，具体的には，マーケティング担当重役あるいは副社長を指しており，彼のいうマーケティングとは，トップ・マネジメントのマーケティングである。すなわち，ケリーは，いわゆるマネジリアル・マーケティングそのものの体系化を意図しているのである。そして，マーケティング・プロセスは，(1)マーケティング機会の評価，(2)マーケティング努力の計画，(3)マーケティング諸活動の組織化およびリーダーシップ，(4)マーケティング努力の評価および調整，からなるとした[14)]。

彼によれば，企業経営にとって最も基本的な意思決定と思われる企業使命の決定は，このマーケティング・プロセスにおける第1ステップの「マーケティング機会の評価」から導出されるのである。すなわち，企業経営のあり方はマーケティングに規定されるのであり，すべての活動に先行してマーケティングがある。マーケティングは企業経営における中枢機能であり，それは，トップ・マネジメントの責務である。これは，すなわちマネジリアル・マーケティングである。

以上のように，ケリーの特徴はハワードおよびマッカーシーと異なり，その体系のなかにマネジメント・プロセスという視点をみごとに取り込んだという点にある。このことによって，マネジメントとしてのマーケティングの体系化が完了したとみることができる。ただし，ケリーの体系には，ハワードおよびマッカーシーが指摘してきたマーケティング・マネジメントにおける統制不可能な要素としてのマーケティング環境が図示されていない。ケリーにあってこの問題は，マーケティング・マネジメント・プロセスの第1ステップである「マーケティング機会の評価」の重要な評価事項として処理されている。

しかしながら，ケリーの特徴は上記の点にだけあるのではない。むしろ，本書の第1部における今後の展開にあっては，ケリーのそれがマネジリアル・マーケティングとしての体系化を志向したものである点に注目したい。しかし，これも次の点に留意しておくべきだろう。周知のように，アメリカ企業には機能別担当重役が存在している。ケリーが，トップ・マネジメントとしてのマネジリアル・マーケティングをいうのは，マーケティング担当重役を既存の生産担当重役や財務担当重役に併置させるということである。この意味においては，ハワードやマッカーシーが主としてミドル・マネジメントを想定したのと対照的である。しかし，マネジリアル・マーケティングの重要な特徴は，マーケティング視点から他の経営諸機能を統合することである。残念ながら，ケリーの体系にはその具体的な展開が十分に示されているわけではない。とはいえ，ケリーがトップ・マネジメントとしてのマーケティングを志向したことそれ自体には大きな意義があり，ここでは，その点を強調しておく。

5.　コトラー説

今日，マーケティングの世界で最も広く知られているのがコトラー(P. Kotler）である。彼は，1967年に *Marketing Management：Analysis, Planning, and Control* を著し，その最新版は，第13版（2008年）に至っている。ここでは初版を取り上げ，彼のマーケティングに対する考え方を検討する。

さて，コトラーも統制可能要因と統制不可能要因に区分することから始めており，企業にとって重要なのは，統制可能要因を統制不可能要因に如何に適合させるかにあるとしている[15)]。そして，統制可能要因として，製品，価格，経路，物的流通，広告，人的販売からなる「マーケティング・ミックス」，目的，計画，組織からなる「企業の手段」をあげ，統制不可能要因として，国内消費者市場，国内業務市場，国際市場からなる「市場」，法律，技術，マーケティング経路，文化，経済からなる「マーケティング環境」をあげている。すなわち，コトラーは，基本的にハワードの考え方を継承しているといえる。しかし，同書のタイトル通り，当初より，コトラーはマネジメントを取り込んでマーケティングを論じており，この点でハワードの初版と大きな違いがある。すなわち，コトラーは，マーケティングを目的—計画—組織というマネジメント・プロセスのもとで理解している。

それでは，コトラーはマーケティング部門を組織全体の中でどのように位置づけているのか。この点について，明確に指摘できる記述がある。つまり，「マーケティング部門の責任者は，販売員の使用，広告資金の配分，流通関係，マーケティング・リサーチなどの問題だけについて最終決定を行なう。彼は，価格決定，製品計画などの，顧客関連意思決定については，トップ・マネジメントが行なう意思決定に参画する。彼は，全販売担当者の再組織化，新しい流通経路の開発，新しい領域への進出などに関する主な決定事項についても，トップ・マネジメントが行なう意思決定に参画する。最終権限が他の社員にある輸送，信用授与などの他の顧客関連活動については，単に助言するだけである。[16)]」というのである。すなわち，コトラーが描くマーケティング部門は，マーケティングといわれる活動のうち，わずかなものだけを直接的に扱うに過ぎず，したがって，部門が持つ最終権限の範囲も極めて限定的であることがわかる。一方，マーケティング活動がトップ・マネジメントにまで及び，また，他の部門との関わりがあるという指摘にも注目しておきたい。ただし，コトラーのマーケティング・マネジメントは，あくまでミドル・マネジメントとしてのマーケティングであることに変わりはない。

6.　小括：マーケティング・マネジメントとマネジリアル・マーケティング

以上みてきたように，戦後のアメリカにおけるマーケティング・マネジメントは，まず，ハワードによってその基本的なフレームワークが提示された。すなわち，それまで，企業経営にあって個々に実践されあるいは個別的に研究されてきたさまざまなマーケティング機能が，マネジメントという視点から体系化されることになったのである。

ハワードは，企業による経営環境適応の問題としてマーケティング・マネジメントを認識し，その主体者をマーケティング・マネジャーとしたうえで，彼にとって統制可能な要素（マーケティング諸手段）と統制不可能な要素（マーケティング環境）を区分した。そして，この区分は，マーケティング・マネジメントに対する理解を以下のように促進することになった。すなわち，統制可能なマーケティング諸手段を用いた統制不可能なマーケティング環境への創造的適応が，マーケティング・マネジャーの職務とされたのである。続いて，マッカーシーは，こうしたマーケティング努力の焦点が消費者にあることを明確にするとともに，マーケティング諸手段を４つのＰという形で集約的に表現したのであった。また，コトラーも，ハワードの基本思考を引き継ぎ，マネジメント・プロセスのもとで，統制可能要因による統制不可能要因への適合をはかることがマーケティングであるとした。

ところで，ハワード，マッカーシーおよびコトラーがマーケティング・マネジメントの具体的な遂行者として想定しているマーケティング・マネジャーは，いわゆるミドル・マネジメントである。つまり，部門管理者あるいは中間管理者としてのマーケティング・マネジャーの職務を体系的に明らかにしたものが，ハワード，マッカーシーおよびコトラーのマーケティング・マネジメントである。そのことは，たとえば，ハワードが経営管理の一分野，すなわち，マーケティングという一部門のマネジメントとして，マーケティング・マネジメントをみていることから理解できる。また，マッカーシーのマーケティング・マネジメント体系をみてもそのことは明らかである。すなわち，マーケティング・マネジメントが統制できないものとして，文化的・社会的環境，政治的・法的環境，経済的環境といった外部環境とともに，企業の経営資源と目的，既存の事業の状況といった内部環境があげられているのである。たしかに，ミドル・マネジメントとしてのマーケティング・マネジメントにおいては，これら内部環境は統制不可能であろう。さらに，コトラーは，前述のように部門長としてのミドル・マネジメントのマーケティングを描いたのである。

これに対して，ケリーが意図したものは，トップ・マネジメントとしての「マーケティングに関するマネジメント」であり，いわゆる経営者のためのマネジリアル・マーケティングである。両者にはその統合の範囲において極めて大きな相違がある。すなわち，前者はマーケティング諸活動の統合を目指したものであり，後者はマーケティング視点からの他の経営諸機能の統合を意図している。

このように，戦後のアメリカにおける「マーケティングに関するマネジメント」の体系化も，ハワード，マッカーシー，コトラーらのいうミドル・マネジメントとしてのそれと，いまひとつケリーのいうトップ・マネジメントとしてのマネジリアル・マーケティングの2つがあることに注意しなくてはならない。両者の違いは，遂行すべきマネジメント・レベルの相違と言い換えることもでき，トップ・マネジメントとしてのマネジリアル・マーケティングは，明らかにミドル・マネジメントとしてのマーケティング・マネジメントの上位概念として理解できる。残念ながら，その後のマーケティング研究では，両者の区分をあまり明確にすることなく議論してきたように思われる[17)]。

しかしながら，こうしたマネジメント・レベルの相違という視点は，本書の第1部において重要な意味をもっている。何故なら，マーケティング・マネジメントと戦略的マーケティングは，まさにマネジメントあるいは戦略のレベルの相違によって区分されるからである。

第3節　わが国におけるマーケティングの導入と研究のスタンス

1.　経済の高度成長とマーケティングの導入

わが国経済が，戦後の復興期をへて高度成長という新しい局面を迎えることができたのは昭和30年である。というのも，昭和30年はいわゆる朝鮮特需なしに国際収支の均衡を達成した年だからである。そして，この高度成長期において一貫して追求されたのが規模の経済性であり，大量生産—大量流通—大量消費という経済の仕組みの構築とその運営であった。したがって，当時，この仕組みを早急に構築することがわが国経済における最大の課題だったといえる。

さて，生産力の回復と拡大という国の経済政策もあって，大規模メーカーは大量生産体制をいち早く作り上げていった。一方，大量生産体制の受け皿としての大量消費体制も，経済成長にともなった消費購買力の上昇によって徐々に整備されていった。したがって，残された課題は，大量生産体制と大量消費体制を結合させる大量流通体制の確立ということになった。しかしながら，当時のわが国商業は小売りレベルを例としてあげれば，百貨店と中小零細小売業に大きく二分されていたのであり，その何れも，大量生産されたものを大量消費に結びつけるための大量流通担当者としては不適格であった。すなわち，大量流通体制の整備は，わが国における新たな課題だったのである。

さて，こうした状況のなかで，大規模メーカーはどのように行動したのか。いうまでもなく，メーカーは生産者であり大量生産システムを確立することによって規模の経済性を発揮することができる。しかしながら，そうして生産された大量の製品も販売されなければなんら意味のないことになる。大規模メーカーは，大量生産によるメリットを最大限に享受するためにも，大量販売の問題に取り組まなければならない。ここに，当時のわが国大規模メーカーが大量流通あるいは大量消費への関与（すなわち，マーケティング）に積極的に乗り出すことになった理由がある。

一方，わが国の商業者はどうか。大量流通体制の構築という課題に対して，わが国商業者は，スーパーという新しい小売業態をアメリカから導入することによってそれに応えていった。たとえば，これまで，わが国の小売業の雄として君臨してきたダイエーがスタートしたのもこの頃である。スーパーは，チェーン・オペレーションという新しい経営手法を導入することによって小規模分散性という小売業本来の特質を克服し，規模の経済性をその経営内部に取りこむことに成功したのである。ところで，こうしたスーパーのねらいは，それまで大規模メーカーにあった価格決定権を奪取することにあったのであり，むしろ，この意味からすれば，大規模メーカーの行なうマーケティングとは基本的に対立するものといえる。

さて，戦後のアメリカ・マーケティングが，わが国に導入された時期を示すならば，昭和30年頃といえる。たとえば，浜野　毅・上岡一嘉両氏による『マー

ケッティング』（丸善）が刊行されたのが昭和28年であり，企業経営における
マーケティング機能をイノベーション機能とともに高く評価したドラッカー
(P. F. Drucker）の *Practice of Management* が邦訳（『現代の経営』自由国民社）
されたのが昭和31年である。

一方，昭和30年９月には，日本生産性本部による第一次トップ・マネジメント視察団がアメリカに派遣され，帰国後，わが国におけるマーケティングの必要性が指摘された。さらに，昭和31年３月には，マーケティング専門視察団が「しからば，なぜに米国において，マーケッティングが今日のように発達したのであろうか[18]」という問題意識のもとに同じく日本生産性本部から派遣され，「日本においても，マーケッティングは発達の余地が大いにあるばかりでなく，またその発達をきたさなければならない[19]」との結論を生むに至っている[20]。そして，これら一連の動きは，わが国産業界に極めて多大な影響を与えることになった。

以上のように，昭和30年頃からわが国産業界ではマーケティングが導入され，その後，急激な普及をみる。すなわち，大量生産システムを構築した大規模メーカーは自らの生産の論理をより貫徹させるために，市場調査，製品計画，価格政策，広告政策，販売経路政策，物流政策といったさまざまなマーケティング手法を次から次へと実践していくとともに，それらを統一的に把握し消費者志向理念に裏づけられたマーケティング・マネジメントあるいはマネジリアル・マーケティング体系をその経営内部に取り込んでいったのである。

2.　わが国における初期マーケティング研究

これまで述べてきたように，戦後のアメリカにおけるマーケティング研究は，マーケティング・マネジメントとマネジリアル・マーケティングの２つの方向性が示されたが，当時，わが国の研究者が取り組んだのも，まさに，このマーケティング・マネジメントであり，またマネジリアル・マーケティングそのものである。

周知のように，マーケティング・マネジメントの中心課題のひとつにマーケ

ティング・ミックスに関する議論があるが，これを最初に扱ったフェルドーン（P. J. Verdoorn）の論文が1956年に発表されると[21]，翌57年，わが国の荒川祐吉によって検討が加えられた[22]。その後，荒川はこのマーケティング・ミックス構成論をマーケティング・マネジメントの原点とした位置づけた[23]。しかし，本章の冒頭で引用（注１））したように，荒川は，すでにこの時点（1959年）でマーケティング・マネジメントとマネジリアル・マーケティングを明確に区別していた[24]。さらに，1965年には「―前略―，マーケティングは企業の市場にたいする創造的適応行動の総称として，ますますその重要性を高めつつある。―中略―，ここにマーケティングの技法と理論が生まれ，またそれが企業の経営管理全般の総合的調整の中軸としての地位を要請されるにいたった理由がある[25]。」として，マーケティング・マネジメントからマネジリアル・マーケティングへの進展について述べている。

また，1965年に久保村隆祐も「企業経営におけるマーケティングに関しては，トップマネジメントが行なうマーケティング志向理念による諸問題の調整ないし決定と，それに基づくマーケティング部門における業務遂行の２分野がある[26]。」とし，マーケティング・マネジメントとマネジリアル・マーケティングを区別していた。

すなわち，戦後アメリカのマーケティング研究がマーケティング・マネジメントとマネジリアル・マーケティングの相違をはっきりと認識していたのと同様に，わが国マーケティング研究もこうした早い時期においては両者の区分が明確であったといえる。しかしながら，今日，マーケティングといえばコトラーであり，彼のミドル・マネジメントとしてのマーケティングが長く注目されてきたことからわかるように，その後，トップ・マネジメントとしてのマーケティング研究が十分に意識されることはなかった。というのも，コトラー自身，これまでマネジリアル・マーケティングの体系化について触れることはなく，その中心は，あくまでマーケティング・マネジメントにとどまっていたからである。さらに，わが国マーケティング研究においては，このコトラーを多く引用しながらも，そもそもマネジメントとしてのマーケティングを議論することさえしていない。いうまでもなく，コトラーは1967年の初版から2008年の最新版に至るまで一貫してマーケティング・マネジメントを説いており，当然ながらマネジメントの「イロハ」から，果てはマーケティング・コントロールまで言及している。にもかかわらず，これまで，わが国では，上記のような意味での「マネジメントとしてのマーケティング研究」はほとんどみられない状態にある。

何れにせよ，ここで，これまでの検討を次のように整理し，さらに展望しておく必要があるだろう。まず，ミドル・マネジメントとしてのマーケティング・マネジメントは，これまで，主にプロダクト・マネジャーあるいはブランド・マネジャーをその遂行主体として，いわゆる4Pモデルにみられるような一応の体系が理論的・実践的に確立してきている。しかしながら，トップ・マネジメントとしてのマネジリアル・マーケティングはそうはいかなかった。たしかに，ケリーにみられるように，マネジリアル・マーケティングへの志向はあった。しかし，その体系の不備は，いとも簡単に指摘することができる。すなわち，マネジリアル・マーケティングが企業経営の中枢機能としてマーケティングを位置づけるものであるなら，少なくとも，マーケティング視点から他の経営諸機能を統合する理論的・実践的方法が明示されていなくてはならない。ところが，マネジリアル・マーケティング論者の多くが述べてきたのは，あくまで経営理念としてのマーケティングであり，そのための理論的・実践的体系をかならずしも積極的に示してきたわけではなかった。

このことは，マーケティングの母国であるアメリカでの研究だけではなく，それを導入したわが国におけるマーケティング研究にも共通してみられる大きな問題点といえる。そして，実は，このことこそが本書の第1部において展開するマーケティング・マネジメントから戦略的マーケティングに至る論議の核心なのである。

注

1）荒川祐吉『現代配給論』千倉書房，1960年，28ページ。
2）ここでマクロとは流通を意味している。
3）森下二次也・荒川祐吉編著『体系マーケティング・マネジメント』千倉書房，1966年，29ページ。
4）T. Levitt, *Innovation in Marketing : New Perspectives for Profit and Growth*, McGraw-Hill, 1962, p. 55. 小池和子訳『マーケティングの革新＝企業成長への新視点』ダイヤモンド社，1963年，60ページ。土岐　坤訳『マーケティングの革新＝未来

戦略の新視点』ダイヤモンド社，1983年，60ページ。

5）J. A. Howard, *Marketing Management*：*Analysis and Decision*, Richard D. Irwin, 1957, p. 3. 田島義博訳『経営者のためのマーケティング・マネジメント　その分析と決定』建帛社，1960年，３ページ。

6）*Ibid.*, p. 4. 同上，５ページ。

7）第２版（1963年）では統制可能要素のうち立地（location）が削除されている。

8）ハワードのマーケティング・マネジメント論については以下に詳しい。稲川和男「マーケティング管理論の分析的枠組の再検討」マーケティング理論研究会『マーケティング研究の新展開』千倉書房，1978年，所収。

9）E. J. McCarthy, *Basic Marketing*：*A Managerial Approach*, Richard D. Irwin, 1960, p. 47. なお，改訂版では４つのＰの中心である consumer が customer にかわっている。

10）E. J. McCarthy, *Basic Marketing: A Managerial Approach*, rev. ed., Richard D. Irwin, 1964, p. 24.

11）*Ibid.*, p. 25.

12）McCarthy, *op. cit.*, 1960, p. 37.

13）E. J. Kelley, *Marketing*：*Strategy and Function*, Prentice-Hall, 1965, pp. 18-19. 村田昭治訳『マーケティング：戦略と機能』ダイヤモンド社，1973年，39ページ。ケリーのこうした経営活動の中心としてのマーケティングの位置づけは日本語版への序文においても強調されている。すなわち，「新しいマーケティング・コンセプトのもとで，企業活動はマーケティング資源，努力，そして企業の全部門を，市場と顧客の満足という目的に集中させている」のである。

14）*Ibid.*, 同上。

15）P. Kotler, *Marketing Management*：*Analysis, Planning, and Control*, Prentice-Hall, Inc., 1967, p. 127. 稲川和男・竹内一樹・中村元一・野々口格三共訳『マーケティング・マネジメント（上）』鹿島出版会，1971年，201ページ。

16）*Ibid.*, p. 138. 同上，216ページ。

17）ただし，ハワードについては次のことに留意しておかなければならない。ハワードの第３版（1973年）では，マーケティング意思決定を社長，マーケティング・マネジャー，ブランド・マネジャーの３階層に区分して説明している。これらの階層区分とマネジリアル・マーケティングおよびマーケティング・マネジメントとの関連性についての検討はさておいても，ハワードは，後年においてはマネジメントにおける階層性を問題としているのである。したがって，ここでは，少なくともマーケティング・マネジメントの体系化における初期段階では，マネジリアル・マーケティングとマーケティング・マネジメントの両者の区分が明確でなかったことは指摘できるのであり，また，それ以後における議論でも後のハワードのマネジメントの階層性という認識が十分に生かされていないことを指摘しておきたい。

18）日本生産性本部『マーケティング―マーケッティング専門視察団報告書―』1957年，３ページ。

19）同上，５ページ。

20）同報告書は，112ページからなり，総論，各論，結論という構成になっている。総論では「マーケッティングの理解のために」と題してマーケティングの基本的な考え方が紹介され，各論では，「米国におけるマーケッティングの理念」，「米国経営におけるマーケッティング部門の地位ならびに組織」，「配給経路」，「市場調査」，「広告」，「マーケッティングの教育」が論じられている。また，結論として，わが国はアメリカからマーケティング理念を導入すべきだが，個々の具体的な方法については，わが国の市場特性にあわせてその展開をはかるべきだとしている。

なお，この報告書の詳細については，以下の文献が参考になる。横田澄司「『マーケッティング専門視察団』1956年に関する覚え書　わが国マーケティング導入期における一つの資料」（明治大学『経営論集』第34巻34合併号，1987年）；同「日本的マーケティングの源流を探る　主としてマーケティング導入期（昭和30年代初期）の検討」（『明治大学社会科学研究所紀要』第23集，1985年）。

21）P. J. Verdoorn, "Marketing from the Producer's Point of View," *Journal of Marketing*, Vol. 20, January, 1956.

22）荒川祐吉「マーケティング・ミックスの構成と課題」『マーケティング』SPB, Vol. 2, No. 6, 1957. なお，本論文は次の注23に収められている。

23）荒川祐吉『マーケティング管理論考』千倉書房，1989年，序２ページ。

24）注１は1960年の発行だが，収められた当該論文は1959年に発表されたものである。

25）荒川祐吉「経営と市場」平井泰太郎『経営学』青林書院新社，1965年。引用は注23)，85ページによる。

26）久保村隆祐『マーケティング管理』千倉書房，1965年，31ページ。

第2章 マーケティング・マネジメントとマーケティング戦略

ここでは，ミドル・マメントメントとしてのマーケティング・マネジメントについて述べるが，それは，今日，一般的にいわれているマーケティング・マネジメントを指している。内容的には，マーケティング・マネジャーにとって統制可能なマーケティング・ミックス（4P），統制不可能な内外マーケティング環境が概説された後，マーケティング・マネジメントから導出されるマーケティング戦略に焦点をおき，その概念，策定プロセス，階層性について独自の視点から明らかにする。

第1節 マーケティング・マネジメントにおける統制可能・不可能要素

1. マーケティング・ミックス

さて，前章では，ミドル・マネジメントとしてのマーケティング・マネジメントとトップ・マネジメントとしてのマネジリアル・マーケティングがどのような背景と経緯のもとで構想され，体系化が目指されたかを明らかにした。本章ではそのうちマーケティング・マネジメントを取り上げ，今日，一般的に理解されるマーケティング・マネジメント体系のもとでの主要構成概念を明らかにする（図表2－1参照）。

さて，マーケティングにとって消費者は，活動の原点であり起点である。歴

図表2－1　マーケティング・マネジメントの体系

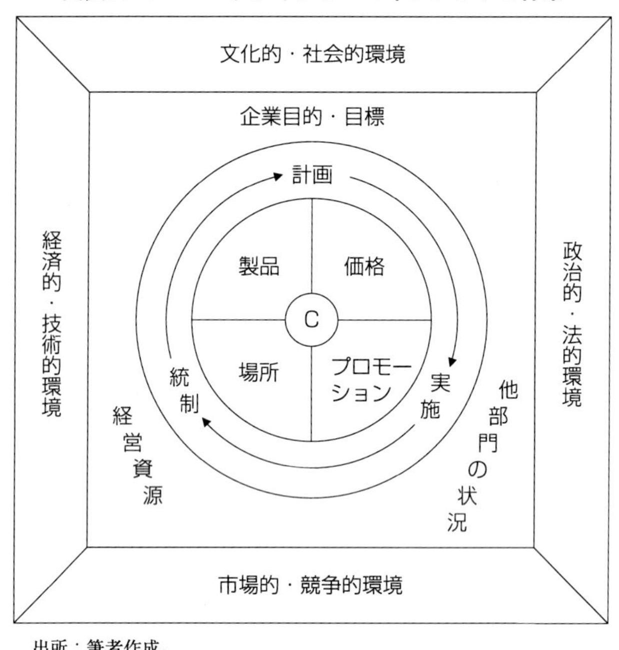

出所：筆者作成。

史的に，マーケティングが生産志向，販売志向をへて，今日，マーケティング志向あるいは消費者志向として理解されるのもそのためであり，まさしく，それはマーケティング努力の焦点である。本質的に，マーケティングはこの消費者との適合を意図しており，マーケティング・マネジメントにおいてもまた然りである。そして，マーケティング・マネジメントにおいてこの消費者との適合は，統制可能なマーケティング諸手段による統制不可能なマーケティング環境への創造的適応によって達成されるのはいうまでもない。マーケティング諸手段は，消費者との適合のために最適な組み合わせが追求されることになる。マーケティング・ミックスは，マーケティング諸手段の組み合わせのことをいい，その構成要素として以下のように製品，価格，プロモーション，場所がある。すなわち，マッカーシーのいう4つのPである。

①　製品（product）—消費者ニーズに適合する製品の開発に関する活動をそ

の内容としている。マーケティングは，消費者の製品に対するニーズを調査し，それに適合するような製品をデザインする。したがって，まったく新たな製品の開発をはじめとして，既存製品の改良とか新用途の開発，包装，商標などの活動が含まれる。

②　価格（price）―価格は，企業にとって利益そのものに影響を与える重要な要素である。一方，消費者が製品の選択にあたって重視するのも価格である。したがって，価格設定は，こうした消費者のニーズ，競争状況，法律などの要因が考慮されて行われる。

③　プロモーション（promotion）―これは，消費者に対する情報提示に関する活動であり，広告，人的販売，販売促進，パブリシティーなどを含んでいる。そして，具体的にはプロモーション・ミックスの形成がその活動の中心になる。

④　場所（place）―いわゆるマーケティング・チャネルに関するもので，消費者にいたる製品の「流れ」そのものを問題とする。したがって，マーケティング・チャネルの構築あるいは選択などが大きな課題としてあげられる。

マーケティング・ミックスを構成するマーケティング諸手段には以上のようなものがあるが，問題となってくるのは，これら構成要素の内容はもとより，如何にこれら諸手段を組み合わせて最適ミックスを作り上げるかということである。前述のように，マーケティング・マネジメントにおいては，この最適ミックスの構成という問題は極めて重要な位置を占めている。

2.　マーケティング環境

さて，マーケティング・マネジャーにとって統制不可能な要素をマーケティング環境という。マーケティング環境はさらに企業経営の視点から内的なものと外的なものとに区分することができる。

(1)　内的マーケティング環境

通常，マーケティング・マネジメントは，企業の目的・目標を所与のものとしている。つまり，マーケティング目的・目標は，企業目的・目標から導かれる。したがって，この意味から企業目的・目標は，マーケティング・マネジメントにとって統制不可能な要素である。また，企業経営における他の部門や経営資源も，マーケティング・マネジャーにとって統制不可能である。

(2)　外的マーケティング環境

外的なマーケティング環境としては，次のようなものがある。

（a）　文化的・社会的環境―さまざまな外的マーケティング環境のなかでも，この文化的・社会的環境はその変化がゆるやかである。しかし，文化水準や人びとの行動パターン，ライフスタイルなどは，マーケティング・マネジャーにとって重要な問題である。

（b）　政治的・法的環境―マーケティング活動の場は基本的に市場であるが，一般に政治は，市場機構が有効に機能するようにさまざまな法的規制を加える。たとえば，わが国では，競争を促進するために独占禁止法がある。また，マーケティング努力の最終的な対象である消費者に関連するものとして，消費者保護基本法がある。マーケティング・マネジャーにとってこれらの環境は統制不可能である。

（c）　経済的・技術的環境―政府の経済政策や経済の全般的な動向，また，技術水準などもマーケティング諸活動の制約条件である。たとえば，新たな営業拠点を設置するために外部から資金導入をはかろうとする企業にとって，金利の動向は大きな問題である。また，消費者ニーズが適切に把握されていながら，技術的制約から思うような製品開発ができない場合もある。

（d）　市場的・競争的環境―消費者に関する一般的な傾向をはじめとして，流通機構の構造的状況，競争企業の動向などを含んでおり，この市場的環境は市場の広い側面を問題としている。

以上が，マーケティング環境といわれるものであり，これらは，基本的にマーケティング・マネジャーにとって統制不可能なものと考えられている。しかしながら，こうした制約は，マーケティング・マネジメントに対して常に脅威として作用するわけではない。制約への迅速かつ的確な対応が逆にマーケティング機会を生む可能性をもつことに留意すべきである。

何れにせよ，マーケティング・マネジメントは，ミドル・マネジメントであるマーケティング・マネジャーが消費者との適合をはかるために統制可能なマーケティング・ミックス，すなわち4Pを駆使し，創造的にマーケティング環境に適応しようとする論理枠組みをいうのであり，その際の焦点になるのが消費者とマーケティング・ミックスの対応関係であり，その対応関係とマーケティング環境との整合性である。

●第２節●　マーケティング戦略論の解明

1.　マーケティング・マネジメントとマーケティング戦略

さて，ハワードは，マーケティング戦略を期待長期利潤を最大にする方法で策定された，一定の期間のための全マーケティング計画であるとし，さらに，その特質として，(1)不確実性を含む，(2)すべてのマーケティング活動の統合からなる，(3)いくつかの決定のための権限が部下に委譲される，の３つをあげている[1)]。

そして，(1)の不確実性をもたらすものの例として競争企業の行動をあげ，マーケティング戦略における競争対応の重要性を指摘している。また，(2)のマーケティング諸活動の統合を，マーケティング諸手段の最適組み合わせを意味するマーケティング・ミックスの概念を用いて説明している。もちろん，マーケティング諸手段の統合に先立って，マーケティング・マネジャーは各部下に(3)の権限委譲を行なっているのはいうまでもない。つまり，統合と権限委議は，表裏一体の関係にあることになる。

以上が，ハワードの考えるマーケティング戦略の基礎的諸概念であるが，さらに，軍事用語としての「戦略」との対比から，「マーケティング戦略」における「敵」として，購買者と競争者の２つをあげている[2]。そのためか，のちに不確実性をもたらす要因として，先にあげた競争者に加え購買者をもあげることになった[3]。

次に，マッカーシーは，マーケティング戦略を計画することがマーケティング・マネジメントの中心課題だとし，標的市場とマーケティング・ミックスという２つの構成要素をあげている[4]。しかしながら，ミックス論のもつ統合概念を強調したり，競争企業への対応を重視するといった説明は少ない。したがって，マッカーシーのマーケティング戦略論は，マーケティング戦略そのものの概念的検討というより，マーケティング戦略の具体的な策定プロセスに関心があるものといえる。

最後に，ケリーもマーケティング戦略について触れている。たとえば，オルダースン（W. Alderson）らを引用しつつ，戦略のもつ対競争概念を強調している[5]。また，ハート（B. H. L. Hart）[6]のいう軍事用語としての戦略概念の影響から，企業経営における戦略についてその階層性を明らかにしている[7]。つまり，マーケティングを通じて明らかにされた企業使命の達成のために，如何に資源配分を行なうかに関する企業戦略（corporate strategy），そして，この企業戦略から導かれる機能戦略（functional strategy）としてのマーケティング戦略，さらに，組織，製品とサービス，コミュニケーション，ディストリビューションなどのいわばマーケティング・ミックスの各構成要素ごとの運営戦略（operational strategy）という３つからなる戦略階層である。

以上のことから理解できるように，マーケティング戦略論議をめぐる混乱を整理するためのひとつの土台は，すでに，初期のマーケティング・マネジメントおよびマネジリアル・マーケティング論者のなかに存在している。すなわち，ハワードのマーケティング戦略概念論であり，マッカーシーのマーケティング戦略策定論であり，また，ケリーが指摘したマーケティング戦略を含む企業経営における戦略階層論である。そこで以下，これらの主張を十分に踏まえつつマーケティング戦略の全体像を明らかにしていく。

2.　マーケティング戦略概念論

すでにみたように，ハワードのいうマーケティング戦略の概念的特質は大きく2つの部分からなる。すなわち，統合性と競争性の2つである。しかしながら，両者をマーケティング戦略概念を規定する重要な要素であると認めるにしても，それぞれ，若干の検討を加えるべきであろう。

もともと統合という概念は，ハワードにあってはマーケティング・マネジメントを説明する場合に用いられている。すなわち，統制可能な要素としてのマーケティング諸手段の統合としてである。したがって，この統合という概念は，マーケティング戦略概念が独自にもつというより，マーケティング・マネジメント概念そのものが元来もちあわせてきたものといえる。

この点については，いわゆるマーケティング・コンセプト（marketing concept）の意味について考えると明確になる。スタントン（W. J. Stanton）によれば，マーケティング・コンセプトは，(1)顧客志向，(2)利益ある販売，(3)すべてのマーケティング活動の統合，からなるものであり[8]，ここに，すべてのマーケティング活動を統合するというのは,「ひとり」のマーケティング・マネジャーのもとにマーケティング諸活動が統合されるということである[9]。つまり，統合概念はマーケティング・マネジメントとマーケティング戦略のそれぞれに存在するものといえる。

さて，マーケティング戦略のもうひとつの概念的特質は競争性にあるが，それは，戦略概念そのものの検討を必要とする。

ラック＝プレル（D. J. Luck and A. E. Prell）によれば，戦略なる用語はギリシャ人による造語であり,「将軍の術（the art of generalship)」を意味し，敵の虚をついたり裏をかいたりするという性格のものである[10]。これを企業経営の視点から考えた場合，敵が誰なのかが問題となってくる。軍事用語としての戦略においては，当然ながら，敵は複数の場合を含めて戦争の相手そのものである。しかしながら，企業経営における敵は，先にみたハワードの認識と異なり，競争企業そのものと考えられる。すなわち，ハワードはマーケティング戦略における「敵」を消費者と競争企業の両者としているが，むしろ，マーケティングにとって消費者は努力対象であってそれ以外の何者でもない。そして，この消費者への適合にあたっての統制不可能な要素として，競争企業があると考えるべきである。こうした考え方は，マーケティング論以外にもみられる。たとえば，クーンツ＝オドンネル（H. Koontz and C. O'Donnell）は，企業経営の立場からの戦略を「妨害に直面して，重要な目的を達成するために利用可能な諸資源をいかに使用するかについての意思決定[11)]」だとし，妨害の例として競争企業，公共の意見，法的状況などをあげている。すなわち，マーケティングのようにその努力対象が消費者にあるかどうかはともかく，「敵」であるのは競争企業であり，それは，企業経営を遂行するうえでの制約条件のひとつなのである。

したがって，先のラック＝プレルにもどれば，戦略は企業の諸資源と諸優位が競争者を出し抜き，凌ぐために，また，さまざまな機会を利用するために管理される諸策略であると考えることができる。つまり，戦略概念の中核にあるのは対競争性という考え方であり，戦略にとって敵は競争企業である。とすれば，マーケティング戦略がマーケティングにかかわる「戦略」である以上，それは，その「戦略」部分において競争企業対応的視点を持ったマーケティングということになる。

以上，ハワードを素材として，マーケティング戦略の概念をみてきたが，次に若干の検討とマーケティング戦略概念のまとめを行ないたい。

ハワードは，マーケティング戦略の概念を統合性と競争性という２つの視点からなるとしたが，すでにみたように，統合性はマーケティング戦略に固有のものではない。むしろ，競争性こそがマーケティング戦略を本質的に規定するものである。この点についての認識はハワードにはないようである。このように，マーケティング戦略の概念を規定するうえで最も重要なものは，それがもつ競争性という点である。そして，この競争性という考え方を中心にマーケティング戦略概念を特質づけるものをあげれば，統合性，長期性があげられることになる。統合性とは，いうまでもなく，マーケティング諸手段の統合ということであり，長期性とは短期志向の戦術に対応して戦略を特質づけるものである。実は，前述したようにハワードは，マーケティング戦略を「期待長期利益を……」と定義しており，マーケティング戦略がもつ長期志向という特質を指摘している。したがって，ハワードのマーケティング戦略概念は，競争性，統合性，長期性という3つの特質からなると考えるべきであり，これら3つの概念的特質からなるものをここにマーケティング戦略と呼ぶことにする。

そして，このマーケティング戦略についていまひとつ明らかにしておくべきことがある。それは，マーケティング戦略とマーケティング・マネジメントとの関係である。

さて，戦略はもともと計画のひとつのタイプである。たとえば，クーンツ＝オドンネルは，計画のタイプとして，目的（objectives），政策（policies），戦略（strategies），手続き（procedures），規則（rules），プログラム（programs），予算（budgets）をあげており[12]，また，ヒューズ（G. D. Hughes）も計画の構成要素のひとつとして戦略を考えている[13]。さらに，チェピール（J. A. Czepiel）は，目標—目的—戦略—戦術という階層的関係を明らかにしている[14]。

このように，戦略は，マネジメント・プロセスにおける計画の一要素であり，とりわけ，それが強調されるのは，企業経営における競争環境の激化にともない戦略のもつ競争性という視点がマネジメント活動において重視されることになったためと思われる。その意味で，マーケティング戦略は，マーケティング・マネジメント・プロセスにおける計画において導出されるものといえる。そして，このマーケティング戦略の策定と実施および統制を中心としたマーケティング・マネジメントは，前述のマッカーシーの考え方に共通することになる。

マーケティング戦略がもつ概念的特質は，以上のように指摘することができる。しかしながら，ここで注意すべきは，それら特質はあくまで理論上のものであり，競争性，統合性，長期性といった特質をもつマーケティング戦略が実際に策定され実践されるのかどうかは別問題である。むしろ，後述するようにマーケティング戦略の理論と実践には大きな隔たりが生じる場合もある。具体的にいうなら，これら諸特質をもったマーケティング戦略が，1970年代アメリカの企業経営にあって，必ずしも十分に実践されたわけではなかった。本書の第1部のテーマである戦略的マーケティングの台頭は，そのことと決して無縁ではなく，むしろ大いに関係している。さて，この点に関する議論は後で行なうとして，ここでは，理論と実践の乖離という問題を指摘しておく。

3. マーケティング戦略策定論

マーケティング戦略を論じる場合，必ず引用されるのがオクセンフェルト（A. R. Oxenfeldt）である。彼は市場戦略（market strategy）は2つの部分からなるとして，(1)市場標的の確定，(2)マーケティング・ミックスの構成，をあげている。[15)] これは，マーケティング努力を集中すべき標的消費者を特定することの重要性と，特定された標的消費者に適合すべきマーケティング・ミックスの開発，つまり，マーケティング諸手段を最適に組み合わせることの重要性を指摘したという点において評価できる。

さて，オクセンフェルトに関して以下の2つの視点から検討する。

第1は，彼は市場戦略の構成要素として上記の2つをあげたが，それは同時に戦略の策定プロセスを意味するものでもある。すなわち，標的市場の特定のあと，マーケティング・ミックスが構築されるのである。したがって，ここでは彼の主張をマーケティング戦略策定論として理解することにする。

第2に，彼が問題としたのはその言葉どおり「市場戦略」であり，「マーケティング戦略」ではない。これまで，マーケティング戦略といえば，このオクセンフェルトの「市場戦略」が論じられてきたが，その中で，この両者の概念上の区別について触れられることはほとんどなかった。たとえば，彼の所論に基づいてマーケティング戦略論を展開したマッカーシーにおいても，そうである。そこで，市場戦略とマーケティング戦略の概念上の相違について，以下に言及しておく。

オクセンフェルトによれば，マーケティング計画は，意思決定，執行，統制からなり，その中核概念がマーケティング戦略だという。[16)] これは，マーケティング戦略を中核としたマーケティング・マネジメントを考えるマッカーシーと共通する。そして，市場戦略は，市場に対する企業の基本的なアプローチを示すものであり，[17)] 重要なマーケティング意思決定についての判断を支援するものだという。[18)] つまり，オクセンフェルトは，市場戦略を特にマーケティング計画（すなわち，マーケティング・マネジメント）における意思決定（すなわち，計画）を支援するものと考えているのであり，いわゆる，マネジメント・プロセスにおける計画と市場戦略を関連づけている。要するに，オクセンフェルトの市場戦略は，標的市場の確定とマーケティング・ミックスの構成という戦略策定プロセスを通じて計画だけにかかわるものであり，策定された戦略の実施および統制までは考慮にいれていない。そして，「戦略」の策定・実施・統制からなるマーケティング・マネジメントをマーケティング戦略とよんでいるのである。このように，オクセンフェルトは，市場戦略をマーケティング戦略に包摂されるものと考えている。

換言するなら，市場戦略は標的市場とマーケティング・ミックスの直接的な関係だけを規定するものであり，マーケティング・ミックス全体および各構成要素ごとの戦略については言及しない。これに対して，マーケティング戦略は，標的市場とマーケティング・ミックスの関係とそのもとでのマーケティング・ミックス全体および各構成要素ごとの戦略問題をも含んでいる。したがって，市場戦略はマーケティング戦略の部分概念であり，マーケティング戦略は市場戦略を含む全体概念といえる。

このように，概念的には市場戦略とマーケティング戦略は区別すべきものである。しかし，本書では，これまで多くの論者が行なってきた一般的な用語法を否定することはしない。むしろ，議論の混乱を避けるために，必要に応じて市場戦略とマーケティング戦略を区分して用いることにする。

さて，マーケティング戦略（したがって，厳密には市場戦略）策定の最初のステップである市場標的の確定は，いわゆる市場細分化の問題に帰結する。つまり，マーケティング戦略が対象とすべき消費者を特定化するには，市場を何らかの基準に基づいて区分することが必要であり，社会的変数，地理的変数，心理的変数などに基づいて，市場細分化が行なわれる。ところで，もともと，マーケティング論は市場の異質性を前提としており[19)]，こうした市場細分化とは，市場を何らかの基準によって「顧客を同質的な群に分けること[20)]」，すなわち，「区分された同質市場」に組み上げることを意味している。したがって，市場標的の確定とは，どの「区分された同質市場」をマーケティング活動の対象とするかを決定することである。そして，すでに述べたように，確定された標的市場に適合するようにマーケティング・ミックスの構成が決定されるのである。

そして，標的市場とマーケティング・ミックスの対応関係として考えられるのは，次の3つである。すなわち，すべてのセグメントを標的市場とし，それにたったひとつのマーケティング・ミックスで対応しようとする無差別的マーケティング，選択されたひとつの標的市場にひとつのマーケティング・ミックスで対応しようとする集中的マーケティング，対象とする標的市場を複数とし，それぞれの標的市場ごとにマーケティング・ミックスを適応させようとする差別的マーケティング，である[21)]。たとえば，多様性の比較的少ない市場においては，無差別的マーケティングが有効に作用するだろうし，集中的マーケティングは，ある市場・製品に特化するもので，いわゆる専門化企業に多くみられる戦略ということになる。これに対して，差別的マーケティングは，数多くの市場・製品を同時に扱うものであり，総合化企業にみられる戦略ということになる。

4.　マーケティング戦略階層論

最後が，マーケティング戦略階層論である。マーケティング戦略階層論は企業戦略とマーケティング戦略の関係およびマーケティング戦略と運営戦略の関係という2つの視点から考えることができる。

さて，すでに述べたように，マーケティング・マネジメントは，ミドル・マネジメントによって遂行されるものであり，マーケティング戦略は，マーケティング・マネジメントの一環としてマーケティング計画にあって，そのひとつのタイプとして導出されるものである。そして，マーケティング戦略は，基本的に企業戦略の目的および目標に基づいて策定されたマーケティング目的・目標を達成するためのものである。つまり，マーケティング戦略は，企業戦略との対比からすれば上位に対する下位の戦略であり，また，企業経営における他の機能戦略を考え合わせれば，全体戦略に対する部分戦略である。

さらに，マーケティング戦略は，ミックス概念から明らかなように製品戦略，価格戦略，プロモーション戦略，経路戦略からなるが，これらは，ケリーによって運営戦略とよばれている。そして，この場合，全体としてのマーケティング戦略は，これらそれぞれの運営戦略をマーケティング目的・目標のもとに統合することが主たる役割となる。マーケティング戦略概念のひとつである統合性はまさにこのことを意味している。

ところで，マーケティング戦略は，標的市場の確定のあとマーケティング・ミックスの構築が検討されるが，実践的には，まず製品が開発されるのであり，製品戦略はこの意味において運営戦略における中核戦略（core strategy）とならざるをえない。そして，そのあとで他の運営戦略が製品戦略を支持するという形で検討される。したがって，その他の運営戦略である価格戦略，プロモーション戦略，経路戦略は中核戦略に対する支持戦略（supporting strategy）だといえる[22)]。

さて，ここで，この階層論が想定するのはいわゆる単一事業企業であることに留意しておく必要がある。マーケティング・マネジメントは，すでにみたように1960年前後に体系化されたが，アメリカ企業は，60年代には経営多角化が進展しだしており，いわゆる複数事業企業になりつつあった。すなわち，単一事業企業を前提としたマーケティング・マネジメントの現実性は，実はこの頃から薄まっていくことになったのである。にもかかわらず，マーケティング論は，本書の第１部で扱う戦略的マーケティング論議の台頭まで，こうした現実に相応した新しい前提のもとでの理論構築に努力することはしなかったのである。

5．小括：マーケティング戦略論の問題点

昨今のマーケティング戦略論議は混乱の様相をみせている。しかし，その解決の糸口は，以上みてきたようなマーケティング・マネジメントあるいはマネジリアル・マーケティング体系化にあたっての初期貢献者たちの主張のなかに見い出すことができる。すなわち，ハワード，マッカーシー，ケリーから導かれるマーケティング戦略概念論，策定論，階層論である。しかし，それらの考え方に問題がないわけではない。そこで以下，マーケティング戦略論の問題点ということで若干の検討を行なう。

第1に，マーケティング戦略概念論によれば，マーケティング戦略の概念的特質として競争性，統合性，長期性の3つが指摘されている。しかし，それはあくまでマーケティング戦略の「戦略」部分の概念的特質を強調したものであり，「マーケティング」がそうした概念的特質をもった「戦略」と結合して生まれた「マーケティング戦略」なる語の意味を明らかにしているわけではない。すなわち，それは「マーケティング」の概念的特質をふまえたマーケティング戦略論議ではない。ここに大きな問題がある。

マーケティングとは，企業による製品を媒介とする対市場活動の総称であり，消費者を起点としたその活動はすぐれて創造的である。マーケティング戦略もマーケティングそのものがもつこの特質を当然ながら引き継いでいる。したがって，マーケティング戦略は，それが，マーケティングに関する戦略である以上，消費者を起点とした市場創造活動としてのマーケティング部分に戦略部分が結合したものと考えるべきである。換言すれば，マーケティング戦略は，あくまでマーケティング部分としての消費者志向が優先するのであり，次に戦略部分の競争性，統合性，長期性が主張されるべきである。むしろ，マーケティング・マネジメントは，マーケティングがもつ消費者起点の市場創造機能をより貫徹するために，戦略性を強調した計画としてマーケティング戦略を具現化させ，このマーケティング戦略を中心としたマーケティング・マネジメントを念頭においている。そして，このようにマーケティング戦略をあくまで消費者志向のもとで戦略を重視（とりわけ，競争志向の強調）したものであると理解することは，後述される戦略的マーケティングの本質を規定するのに有益な視点を提供してくれることになる。

第2は，マーケティング戦略策定論の問題点についてである。それは，最適ミックス，競争，時間という3つの視点からそれぞれ指摘できる。

マーケティング戦略策定論は，標的市場を確定することと，そのもとで最適ミックスを構築することの重要性を明らかにしている。そして，標的市場の特定方法および特定された標的市場とマーケティング・ミックスの適合パターンを説明している。しかし，4つのPを操作変数とする最適ミックスそのものの理論的な構築方法について，これまでの言及は極めて少ない。

次に，こうしたマーケティング戦略策定論は，いうまでもなく策定プロセスを論じたものであるが，競争的視点からの戦略策定を検討しているわけではない。ハワードのマーケティング戦略概念からすれば，マーケティング・ミックスの統合だけを強調したものにすぎない。したがって，この策定論は，戦略が本来的にもつ競争的視点を如何にに組み込むかが課題とならなくてはならない。たとえば，市場標的の確定にあたっては，消費者分析だけではなく競争者分析が行なわれなくてはならない。市場標的の確定は，もともと消費者分析によってだけ決定されるものではなく，競争企業の行動，とりわけ競争企業の市場における位置との関係を加味しつつ，自社が標的とすべき市場を決定すべきである。同時に，マーケティング・ミックスの構築においても，競争企業との差別化がとられるべきである。もちろん，こうした標的市場の確定とマーケティング・ミックスの構成にあたって自社の経営資源の分析が前提となっていることも忘れてはならない。これまでのところ，マーケティング戦略策定論にはこうした視点が極めて少ない。

そして，こうした策定プロセス論は，基本的に時間の経過概念がないといえる。つまり，製品が市場に初めて導入される段階，あるいは導入後のある時点における策定論議である。マーケティング戦略を策定したすべての状況は，時間の経過とともに変化するのである。したがって，そのマーケティング戦略の有効性も，当然ながら低下することも考えられる。換言すると，これまでの策定論は極めて静態的である。マーケティング戦略が，市場への適合を意図するものであるかぎり，今後は，動態的な視点をこの策定論に取り込むことが必要である。

第3は，マーケティング戦略階層論についてである。なるほど，階層論は，企業経営においてマーケティング戦略と企業戦略の階層性およびマーケティング戦略自体の内的階層性を明らかにしている。しかし，それは，マーケティング・マネジメントを念頭においた指摘であり，マネジリアル・マーケティングを実施する企業経営の場合は，当然ながら異なってくる。さらに，それが想定するのは，いわゆる単一事業の企業経営である。すなわち，複数事業の企業経営，具体的には多角化企業におけるマーケティング戦略の階層性についてはまったく検討されていないのである。

以上みてきたように，マーケティング戦略論議の混乱を解決する糸口は，マーケティング・マネジメントあるいはマネジリアル・マーケティングの体系化における初期貢献者たちの主張のなかに見い出すことができる。にもかかわらず，それらの主張自体にも問題とすべき点は存在した。しかし，ここで行なわれたさまざまな検討が，実はマーケティング・マネジメントのその後の議論，すなわち，戦略的マーケティング論議に対して重要な示唆を与えることを指摘しておきたい。

第3節　マーケティング戦略の評価

さて，策定されたマーケティング戦略案は，一定の基準に基づいて評価される必要がある。ここでは，評価基準に関するデイビス（K. R. Davis）の指摘を，マーケティング・マネジメントとの関係において検討する[23)]。それによれば，マーケティング戦略の評価基準としては以下のようなものが考えられる。

（1）　**内的一貫性**―これは，マーケティング目的・目標とマーケティング戦略の相互関係と適合性，また，標的市場とマーケティング諸手段との一貫性に関係している。たとえば，高い売上高目標を掲げつつ相対的に狭い標的市場をマーケティング活動の対象にしようというのは明らかに矛盾することになるし，また，製品の受容や売上高を広く大きく求めた標的市場には，高価格戦略や高品質戦略は明らかに適合性がない。このように，内的一貫性というのはマーケティング・プログラム全般にわたって要求されるものである。

（2）　**外的一貫性**―これに対して，マーケティング戦略がそのマーケティング環境との間にもつ適合性が，ここにいう外的一貫性である。もともと，マーケティング戦略は，マーケティング環境に創造的に適応しようとするものであり，市場動向，政府の法的規制，競争状況などは企業経営にとって重要な外的環境諸力である。たとえば，製薬会社は，薬品の開発にあたって政府規制の動向に常に留意することが必要である。その意味で，この外的一貫性を常に保持しようとするなら，変化に対する深い洞察力とそれへの適応力が必要となる。

（3）資　源　力―経営資源は，マーケティング目的・目標の達成を可能にするものであり，マーケティング環境における脅威と機会に適応する能力を示すものである。たとえば，新市場への進出にあたって資金力は極めて重要である。また，人的能力は，質的および量的という２つの側面をもっている。一般に，設備力というと生産設備だけを考えがちだが，自社のマーケティング経路システムもこれに加えて考えるべきである。

（4）時　　間―マーケティング目的・目標とマーケティング戦略の策定において留意すべきことは，それらが，２つの側面からなる時間的次元をもっていることである。第１は，戦略が想定する時間水準である。すなわち，マーケティング戦略が念頭においている計画期間の問題である。一般に，戦略は戦術と比べその計画期間は長期である。しかし，長期といってもそれはさまざまであり，この戦略の時間水準とは，その明確な区分をいうのである。第２の時間的次元は，戦略が実施されるタイミングの問題である。たとえば，PLC の存在を前提とすれば，各期ごとに実施されるべき戦略はそれぞれ異なっている。すなわち，戦略におけるこの時間水準は，いつの時点の戦略かを問題としているのである。

（5）危険の程度―戦略の評価基準としての危険は予知できるものではないし，数量化することも困難である。しかしながら，企業経営からすれば，戦略の実施にともなう危険の程度を事前に予測したいところである。確実なものとはいえないが，過去の経験などは，戦略にまつわる危険要素の評価に有益な情報を提供してくれる。危険要素そのものの列挙とそれらがもたらす戦略への影響の分析が，ここで重要になってくる。

以上，デイビスをもとにマーケティング戦略の評価基準についてみてきたが，そこに，マーケティング・マネジメントの本質をいくつか垣間みることができる。

たとえば，内的一貫性の問題は，企業経営における他の経営諸機能とのそれではなく，あくまでマーケティング・マネジメント内での一貫性を問題としているのであり，マーケティング諸手段の統合をその射程範囲においた議論である。ここに，ミドル・マネジメントとしてのマーケティング・マネジメントの理解を伺い知ることができる。このことは，資源力についても同様である。そこには，評価基準としての資源力が列挙されているにすぎず，それら要素は所与のものとして扱われている。そして，外的一貫性の問題は，まさに，マーケティング・マネジメントの環境適応志向という特質を表わしたものである。このように，デイビスの示したマーケティング戦略の評価基準は，明らかにミドル・マネジメントとしてのマーケティング・マネジメントを念頭においていることがわかる。マーケティング・マネジメントとマネジリアル・マーケティングの相違が不明瞭であったことをすでに指摘したが，少なくとも，デイビスのそれは，マーケティング・マネジメントにおけるマーケティング戦略の評価基準である。

ところで，マーケティング戦略策定論には時間の概念がないことをすでに指摘してあるが，デイビスは時間という視点から戦略の評価を行なうことの重要性を議論している。すなわち，戦略が想定する計画期間と実施のタイミングである。したがって，デイビスのこの指摘は大いに評価すべきと思われる。

しかしながら，時間との関わりにおいてマーケティング戦略を明らかにしようとする場合，はたして，これだけで十分であろうか。

たしかに，PLC（Product Life Cycle）概念はマーケティング戦略を時間の経過のなかで把握するという視点を提供した。しかし，もともと，PLC は製品の販売高の時間的推移をみたものであり，マーケティング戦略論は，それとの関係においてマーケティング戦略を理解することができる。しかし，こうした視点からは，消費者ニーズや競争構造が具体的にどのように変化するのかを明らかにすることはできない。時間との関係からすれば，むしろ，マーケティング戦略論が求めているのは，たとえば，消費者ニーズや競争構造の変化がなにを原因として，いつ，どのようにして起きるのか，それへの対応としての製品はどのように変化していくのか，そして，そうした変化はパターン化することができるのかである。また，企業による製品を媒介とする対市場活動の総称がマーケティングであることを考え，さらに，実は製品と市場は相互作用関係にあることを強調するなら，むしろ，そうした個々の製品あるいは市場の時間的変化ではなく，両者の相互関係そのものを時間の経過のなかで明らかにすることも，極めて興味深いものといえる。

その意味から，PLCに代わる新しい概念の登場をマーケティング戦略論は待ち望んでいる。

注

1）J. A. Howard, *Marketing Management：Analysis and Decision*, Richard D. Irwin, 1957, p. 36. 田島義博訳『経営者のためのマーケティング・マネジメント—その分析と決定』建帛社，1960年，36ページ。
2）*Ibid.*, p. 37. 同上，37ページ。
3）*Ibid.*, p. 40. 同上，40ページ。
4）E. J. McCarthy, *Basic Marketing：A Managerial Approach*, Richard D. Irwin, 1960 p. 37, 1964, pp. 25-26.
5）W. Alderson and M. H. Halbert, *Marketing in Modern Society*, Prentice-Hall, 1965.
6）H. L. Hart, *Strategy*, rev. ed., Frederic A. Praeger, 1954.
7）E. J. Kelly, *Marketing：Strategy and Functions*, Prentice-Hall, 1956, p. 25. 村田昭治訳『マーケティング：戦略と機能』ダイヤモンド社，1973年，54ページ。
8）W. Stanton, *Fundamentals of Marketing*, 6th ed., McGraw-Hill, 1981, p. 15.
9）*Ibid.*, p. 13.
10）D. J. Luck and A. E. Prell, *Market Strategy*, Appleton-Century Crofts, 1968, pp. 2-3.
11）H. Koontz and C. O'Donnell, *Principles of Management：An Analysis of Managerial Function*, 5th ed., McGraw-Hill, 1972, pp. 118-119.
12）*Ibid.*, p. 116.
13）G. D. Hughes, *Marketing Management*, Addison-Wesley, 1978. 嶋口充輝・和田充夫・池尾恭一訳『戦略的マーケティング』プレジデント社，1982年，109ページ。
14）J. A. Czepiel, *Competitive Marketing Strategy*, Prentice-Hall, 1992, pp. 7-9.
15）A. R. Oxenfeldt, "The Formulation of a Market Strategy," in E. J. Kelley and W. Lazer eds., *Managerial Marketing：Perspectives and Viewpoints*, Richard D. Irwin, 1958, p. 267.
16）A. R. Oxenfeldt, *Exective Action in Marketing*, Wadsworth, 1966, p. 55.
17）*Ibid.*, p. 48.
18）*Ibid.*
19）W. Alderson, *Dynamic Marketing Behavior*, Richard D. Irwin, 1965, pp. 27-28. 田村正紀・堀田一善・小島健司・池尾恭一訳『動態的マーケティング行動』千倉書房，1981年，34ページ。
20）荒川祐吉「経営と市場」平井泰太郎『経営学』青林書院新社，1965年，ただし，引用は荒川祐吉『マーケティング管理論考』千倉書房，1989年，55ページ。

21)　もともと，無差別的マーケティング，集中的マーケティング，差別的マーケティングという考え方は，コトラー(P. Kotler) のものである。P. Kotler, *Marketing Management：Analysis*, Prentice-Hall, 1967. 稲川和男・竹内一樹・中村元一・野々口格三訳『マーケティング・マネジメント』上巻，鹿島出版会，1971年，90～104ページを参照のこと。

22)　Luck and Prell, *op. cit.*, 1968, p. 41. なお，こうした考え方はダウニング（G. D. Downing）にもみられる。彼は，マーケティング戦略を基本的マーケティング戦略と機能的マーケティング戦略とに区分し，前者に製品戦略を，後者に価格戦略，プロモーション戦略，流通戦略を帰属させている。G. D. Downing, *Basic Marketing：A Strategic Systems Approach*, Charles E. Merrill, 1971.

23)　K. R. Davis, *Marketing Management*, 5th ed., John Wiley & Sons, 1985, pp. 22-25. なお，デイビスの評価基準は次の文献によっている。S. Tilles, “How to Evaluate Corporate Strategy,” *Harvard Business Review*, Vol. 44, July-August, 1963.

第3章
戦略的計画論とマーケティング・マネジメント

マーケティングを論じるには，経営学，経営戦略論との関わりについてみる必要があり，また，その時々の企業がおかれた経済的・経営的背景を踏まえることが重要である。ここでは，1970年代の閉塞経済の基で求められた戦略的計画論の論理とPPMやPIMSといった戦略手法について詳細に検討し，マーケティング・マネジメントとの関係について言及する。また，それが，マーケティング・マネジメントにどのような影響を与えたかについて検討する。

●第1節●　1970年代のアメリカ企業と戦略的計画論

1.　1970年代のアメリカ企業と経営課題

1970年代のアメリカ経済といえば，すぐさま想起されるのが1973年と1979年という二度に亘る石油危機である。この時代を象徴的に表現するなら，成長率の鈍化，イノベーションの停滞，インフレーション，失業率の増加，そして，政府規制の増大の時代だったといえる。1960年代の連続的・安定的な経営環境と対照的な，不透明で不連続なこの70年代の経営環境のもとでは，これまでのような単純な過去の反復あるいは延長という思考は通用しない。

換言すれば，1970年代に入って，アメリカ企業は重大な経営課題を突きつけられたのである。つまり，石油危機以降の低成長経済への移行に伴うそれへの対応という問題である。これまで，アメリカ企業は，1960年代の安定した経営環境のもとで経営多角化を積極的に推し進めてきたわけであるが，低成長経済への移行は，その経営行動に大きな変革を迫られることになった。つまり，この時期にあっては，新たな経営多角化による企業成長というより，むしろ，限られた経営資源を如何に既存事業に効率的に配分するかという問題が，クローズ・アップされたのである。そして，この各事業部への最適資源配分，すなわち最適事業ミックスの構築に関する意思決定こそが，この時代のアメリカ企業における最重要経営課題となったのである。

このことは，当然ながら，アメリカ企業におけるマーケティングあるいはマーケティング・マネジメントの在り方をも規定することになっていった。そこで以下，この時代に隆盛した戦略的計画論を詳細に検討し，その上で，マーケティング・マネジメントとの関連について明らかにする。

2.　戦略的計画論の台頭とその蔓延

さて，事業ミックスの態様を考えるのも，あるいは各事業部への経営資源の配分を考えるのも，それを効率的に遂行するには，その際に考慮すべき要因を明らかにする必要がある。そこで重視されることになったのが，それぞれの事業をとりまく経営環境（とりわけ，市場と競争）であり。こうした市場環境および競争環境を重視した新しい管理概念の登場がアメリカ企業において強く待望されることになったのである。

そして，それに応えるために台頭したのが，戦略的計画論である。それは，全社的視点にたって各事業部を統一的に掌握するもので，そのための論理として，PPM（Product Portfolio Management）という新しい戦略手法を必要とした。一方，各事業部の収益性の差異がなにに起因するかを研究するPIMS（Profit Impact of Market Strategy）プロジェクトが非営利組織として飛躍的発展を遂げたのもこの頃である。これらはともに，その分析フレームワークのなかに市場および競争要因を取り込んでおり，この2つの戦略分析アプローチは，1970年代における戦略的計画論の理論的基盤を提供することになった。このことは，1970年代のアメリカ企業の経営行動を解明するカギは，この戦略的計画論の本質のなかに存在するということを意味している。

何れにせよ，戦略的計画論は，当時のアメリカ企業において多く採用された経営計画の考え方である。そこで，戦略的計画論の本質を規定するPPMおよびPIMSを取り上げ，これらが登場することになった背景と経緯，その基本的な考え方および戦略的示唆について明らかにし，マーケティング・マネジメントとの関連についての検討に繋げていく。

●第２節●　戦略的計画論を構成する諸概念とその特質

1．PPM

多角化企業のもとでの各事業への経営資源の配分を，より効率的に行なうために開発されたものがPPMといわれる戦略分析アプローチである[1]。アメリカの経営コンサルティング会社であるボストン・コンサルティング・グループ（Boston Consulting Group：BCG，以下BCGと称す）は，市場成長率／市場シェア・マトリクスとよばれるPPMアプローチを提示したが，そのアプローチの基盤となっているのが経験効果といわれるものである。

さて，経験効果とは，累積生産量の増加に伴ってコストが低減することであるが，こうした現象事態は古くから認識されていた。とはいっても，それが数量化されるようになったのは比較的最近のことであり，また，それは単に製造原価のなかの労務費部分にだけあてはまるものと考えられていた。しかし，1960年代になって，ある製品の累積生産量が倍増するごとに，製造原価のほかに，一般管理費，販売費，マーケティング費，流通費などの諸費用を含んだ付加価値コストの合計額が，それも，事前に推定できる一定割合（通常，約20から30％）[2]で減少することがBCGによって示されたのである。そして，このことからえられる戦略的示唆は，極めて明確である。つまり，いち早く累積生産量を増大させること，すなわち，競争企業に比べより早くまた多くの市場シェアを獲得することが戦略的に重要となってくる。なぜなら，市場シェアが高ければ，それだけ競争企業に比べ低コストが達成できており，たとえば，市場価格が同じならばより多くの利益を獲得することができるからである。また，価格競争になった場合は，競争企業と比べて極めて優位な状況となるし，場合によっては，意図的にそうした状況を作りだすこともできる。こうして，ここに市場シェアを中心とした戦略論理が展開されることになった。

ところで，当時の多角化した企業にとって最も重要な経営課題は，前述のように，各事業部への経営資源の配分をいかに効率的に行なうかであった。そして，この経営資源配分は，本質的に全社的視点にたった統合的な企業レベルの戦略を要求するものである。つまり，多角化した企業およびその戦略は，各事業部とそれに見合う事業レベルの戦略の単なる総和であってはならない。利用しうる経営資源が限定的であればあるほど，全社的・統合的な企業レベルの戦略が必要となってくる。それは，事業間における経営資源の移動，再配分，さらにはその順位やタイミングに関する意思決定をも包含したものである。したがって，企業レベルの戦略というのは，「全体」として最適なキャッシュ・フローと事業ミックスを示そうとするものである。BCGは，こうした経営課題の解決のためにいわゆるPPMなるものを開発したのである。もともと，ポートフォリオ・フレームワークによれば，多角化した企業というのは，要するに事業のポートフォリオそのものといえるのである[3)]。

さて，最適なキャッシュ・フローは，資金の流入・流出を考えることによって明らかにすることができる。BCGは，この資金の流入と流出を2つの次元に還元して考えることによって，新しい論理を組み立てたのである。それによれば，資金流入の大小は，市場シェアの高低によって決まってくるという。BCGは，経験効果概念によって市場シェア（要するに，累積生産量）とコストの関係をはじめて科学的に明らかにしたが，市場シェアの高低は，そのままコストの高低に反映するのであり，それは，結局のところ資金流入の大小に影響する。一方，資金流出の大小は，市場成長率の高低によって規定されるという。たとえば，市場成長率が高ければ，それだけ，新たな競争企業の参入もあり，熾烈な競争状況となる。そして，そうした競争状況への対応のためには，多額の資金投下を必要とする。また，市場成長率が低ければ，おそらく相対的に少ない資金投下ですむはずである。となれば，これらの2次元から構成されるマトリクスは，(1)低成長率・高シェアで多量の正のキャッシュ・フローを生む「金のなる木」，(2)低成長率・低シェアで比較的少量の正または負のキャッシュ・フローを生む「負け犬」，(3)高成長率・低シェアで多量の負のキャッシュ・フローを生む「問題児」，(4)高成長率・高シェアで比較的少量の正または負のキャッシュ・フローを生む「花形」，の4つのセルをもつことになる。

さて，企業レベルの戦略を策定するにあたって，各事業部はこのマトリクス上にプロットされ，戦略的に最も望ましい事業のポートフォリオが決定されるのであるが，その場合，競争企業のポートフォリオが勘案されるのはいうまでもない。また，各セルのそれぞれの特徴を考えると，最適なキャッシュ・フローは，「金のなる木」にプロットされた事業からえられたキャッシュ・フローを「問題児」の事業に投入し，それを「花形」事業に育成することである。そして，その「花形」事業は，市場成長率の低下とともに多量のキャッシュ・フローを生むことになる。これが成功的な戦略展開である。

また，GEは，1969年に同じくアメリカの経営コンサルティング会社であるマッキンゼー（McKinsey）と共同で産業魅力度／事業強度マトリクスを開発し導入している。これは，BCGアプローチにおける市場成長率を産業魅力度に，市場シェアを事業強度に置き換え，それぞれをBCGアプローチのような単純な指標ではなく，複数の指標を合成した指標を用い，また，それぞれの区分を高・低から高・中・低の3段階にしたものであるが，基本的な考え方そのものは同じである。そして，このGEにおけるPPMの採用にあたって，新たに考えだされた組織概念がSBU（Strategic Business Unit：戦略的事業単位）である。[4)]
これは，巨大で多角化した組織構造（1968年時点で，10グループ，50事業部，170部門）を前提としながら，より効率的に経営資源の配分を行なうために考えだされたもので，それ自身で明確な使命，競争者，市場などをもつ事業，あるいは関連する事業の集合である43のSBUがこのときに創設されている。その後，このSBUなる概念は，PPMの実施における事業定義の基本的な考え方として，多くの巨大な多角化企業で採用されることになった。

2. PIMS

さて，PIMSプロジェクト[5)]のルーツは，GEにみることができる。GEは，1960年に経営の成果を説明し予測する方法を開発するために，内部プロジェクトを組織した。その内部プロジェクトは，主に「市場の法則（law of the market place)」を明らかにするために組織され，プロジェクトPROM（Profitability Optimization Model）と名づけられた。最終的に，この内部プロジェクトは，各事業部の正確なROIを予測することができなかったものの，成功を規定するさまざまな要因の組み合わせのもとに，利益，投資あるいはキャッシュ・フローの平均レベルをある程度示すことができるようになった。その後，このプロジェクトは，1972年にハーバード・ビジネス・スクールの管理下のもとにMSI（Marketing Science Institute）に移管されることになったが，この時点で，データベースは，GE以外の企業のものを含み拡大された。したがって，PIMSプロジェクトの正式の発足は，この1972年と考えることができる。ちなみに，このころのデータベースの蓄積量をみてみると，すでに研究の第1段階で36企業，350事業，第2段階で57企業，620事業になっていた。さらに，1975年には，会員会社による非営利組織であるSPI（Strategic Planning Institute）が設立され，以来，このプロジェクトの管理にあたっている。収集されるデータには，事業を単位として，(1)所属する業種，製品・サービスの内容，(2)営業結果と貸借対照表，(3)対象市場および競争会社との比較，(4)所属する産業とその特性，(5)対象市場の規模，製品・サービスの価格変動，コスト（原材料，賃金）変動などに関する予測，がある。

また，1986年半ばの時点で[6)]，450社，2,600事業（少なくとも4年以上にわたるデータの場合）以上に及ぶデータが蓄積されている。

このように，PIMSプロジェクトは，事業の成果を規定する要因を発見するために1960年代にGEの内部プロジェクトとしてスタートしたのである。それが公的なものとなったのは，1970年代にはいってからであり，それとともにPIMSプロジェクトの成果は公開されるようになった。そして，PIMSに関する初期の論文[7)]では，個々の事業におけるROIの決定要因として37の変数が明らかにされ，そのうち，最も重要な決定要因のひとつとして市場シェアの問題がとくに強調されたのである[8)]。具体的にいえば，市場シェア10％の差異が税引前ROIの差異5％を生むという。ところで，市場シェアが事業の収益性（ROI）を決定する重要な要因であることは，すでに述べたPPMにみられるように経験的には認知されていたことである。したがって，このPIMSプロジェクトは，それを客観的に確認したことになる。

そして，この事実は，経営戦略の方向性さえも規定していくことになった。つまり，トップ・マネジメントの基本的な戦略問題は，市場シェア目標を打ち立てることになったのである[9)]。こうして，高い市場シェアをいかにして構築し，さらにそれを拡大・維持するかが経営戦略の中心的論点となったのである。

3．戦略的計画論の特質

以上の検討を踏まえながら，ここに戦略的計画論の特質を明らかにする。ここでの指摘をより明示的に行なうために，次のような論点のもとにこれを行なう。

(1)　背　　景

いうまでもなく，戦略的計画論は，1970年代のいわば閉塞した経済を前提とした経営計画の考え方である。1960年代には，多くの企業が急速な多角化を推進したが，戦略的計画論は，そうした企業行動のあと，むしろ，閉塞した経済のもとで多角化企業をいかに運営・管理するかという経営課題に応えるべく台頭した計画論である。

(2)　経営者の立場

そこで主体となるのは多角化した企業であり，ある制約のもとにその経営者は，最高意思決定者としての機能を遂行する。ある制約とは，いわゆる短期的志向である。つまり，経営者の評価が，株主あるいは証券アナリストによって短期志向のもとに行なわれるということである。

具体的にいえば，投下資本に対する収益性の指標であるROIを基準として，すべてが短期的に評価されるのである。こうして経営者は，短期志向経営を強いられることになるが，さらに，経営者へのモチベーションとして，ボーナスが各期ごとの業績に応じて支給されることも，これを助長することになる。そして，戦略的計画論は，この短期的評価につながる背景をもつROIをその評価基準として取りこんでいるのである。もっとも，こうした短期志向の経営というのは，1970年代のアメリカ企業にだけみられるものではない。むしろ，それは，アメリカというひとつの経済社会の特質と極めて深くかかわっている問題である。

(3)　機能的志向

戦略的計画論が体系化されることになった直接的な契機は，多角化した企業における経営資源配分の問題が経営の最重要事項となったことである。換言すれば，それは，もともと財務志向の経営を意味している。つまり，PPMに象徴されるように，それは，全社的視点にたって各事業部を単なる財務単位としてだけ理解するものであり，そこでは，全体のバランスが常に優先することになり，むしろ，各事業部の自主性は無視されやすくなる。ある意味で，戦略的計画論は，企業経営における財務的合理性だけを追求した最高到達点を志向するものといえる。

(4)　意思決定

以上の考察からも理解されるように，戦略的計画論における意思決定方式はトップダウン型のそれである。つまり，企業レベルの戦略代替案の策定には，優秀な頭脳と莫大な時間が必要である。そこで，戦略的計画論を信奉する経営者は，この問題を解決する方法として，いわゆるスタッフ機能の充実に努めたのであり，ここにスタッフ偏重の経営が生まれることになったのである。この戦略スタッフは，内部で賄われる場合もあれば，経営コンサルタント会社といった外部組織に依存する場合もある。

そして，いずれの場合も，人的にその中心となったのはいわゆるMBAであった。その結果，現場に無知なこれら戦略スタッフは，PPMを駆使し机上の財務的ゲームを演じることになった。1980年代になって，アメリカ企業における経営戦略としてM&A戦略が注目されたが，その土壌は，すでにこの頃できあがっていたのである。

（5）フレームワーク

さてここで，戦略的計画論の非完結性という問題にふれる必要がある。すなわち，戦略的計画論は，マネジメント・プロセスにおける計画中心のフレームワークをもつものであり，実施および統制というプロセスを軽視しているのである。その意味で，戦略的計画論は非完結的といえる。また，そのフレームワークが，受動的・静態的であることにも留意すべきである。いうまでもなく，計画の中心的役割を担ったのは戦略スタッフだったが，その計画策定方法は極めて分析的であった。つまり，それまでの戦略論は，どちらかといえば理念的・抽象的な議論が多く，実践的にも戦略の策定は経営者の経験に強く依存していた。そこへ，経験効果，PPM，PIMSといった戦略分析のための概念や手法が登場し，戦略論は一挙に科学化への道を登りつめることになったのである。

しかしながら，経験効果，PPM，PIMSにしても，それらが扱うのは基本的に過去のデータである。その限界を具体的にいえば，たとえば，PPMにおいて戦略分析の俎上にのるのはあくまで既存事業であり，また，その組み合わせである。この意味において，戦略的計画論は極めて受動的・静態的なフレームワークをもつものといえる。さらに，ここで注目しておきたいことがある。それは，これら戦略分析において扱う変数の問題である。すなわち，PPMにしてもPIMSにしても，戦略の分析にあたって重視しているのは，企業をとりまく経営環境（とりわけ，市場と競争）だということである。　換言すれば，PPMは，最適資源配分のための規定要因として市場成長率および市場シェアを取り上げたのであり，PIMSも事業の成果の説明要因として，当初，市場シェアに注目したのである。つまり，閉塞経済下での限られた市場のパイをめぐる競争への対応として，戦略的計画論は，市場および競争という企業経営における対外的諸要因を戦略分析において特に重視したのである。

（6）　戦略の論理

経験効果，PPM，PIMSを通じて策定される戦略は，ROIとシェアの戦略である。つまり，すべての戦略は，基本的にROIを基準として評価されるということである。また，シェアの獲得・維持・拡大を最大の戦略目標とするものである。ここで，ROI偏重の戦略論理を例示してみよう。

たとえば，PLC成熟期の事業があるとする。その場合，高いROIを維持するためには，もし，他の条件が同じなら，その事業への再投資は抑制されてしまう。そして，PPMの考え方にしたがえば，そこで生みだされるキャッシュ・フローは，全社的視点から他の事業に回されることになる。しかし，場合によっては，当該事業に再投資することによって，競争企業よりも低コストあるいは高品質の製品を作りだすことが可能である。全体のバランスを重視するあまり，当該事業の独自性は排除されてしまうおそれがある。

一方，シェア中心の戦略とは，要するに生産志向の戦略である。PIMSによって，ROIを規定する重要な要因としてこのシェアが注目されたわけであるが，それは，究極的に累積生産量の増大による生産コストの削減をもたらし，それによって，たとえば，低価格販売を達成しようとするものである。しかし，この考え方の強調は，いわゆる生産志向がもつ盲点としてよく紹介されるフォード（H. Ford）の失敗に逢着するおそれがある。つまり，価格あるいはコストだけが戦略要因ではない。むしろ，価格あるいはコスト以外の要因にも注目する必要がある。もともと，戦略的計画論は，企業レベルの戦略を考えるものであるが，このことは，事業を価格，あるいはコストの視点からだけ評価することにつながりかねない。

また，戦略的計画論は，既存枠を所与のものとしてその枠のなかで経営戦略を思考するものだったともいえる。したがって，既存の成功製品の維持が戦略上の最大関心事であり，むしろ，新製品開発あるいは新事業創造などは抑制される傾向にあった。もちろん，事業ミックスの望ましい態様を目指す場合に，新たな事業を追加することもある。しかし，それは，一般にすでに既存の事業となっているものを当該企業にとって新規として扱うに過ぎない。それは，本来の事業創造とはまったく別のものである。このことは，多角化企業を事業のポートフォリオとして理解する戦略的計画論にとって当然のことかもしれない。

4.　小括：マーケティング・マネジメントとの関連

そこで，戦略的計画論の一般的特質に関する上記の指摘を踏まえながら，戦略的計画論とマーケティング・マネジメントの関連性について次の２つの視点から考えてみたい。

まず，第１の点である。企業の活動がさまざまな経営機能から成り立っており，それぞれが企業目的のもとに統合されているのはいうまでもない。しかし，それぞれの経営機能は，その企業がおかれた経済的背景に応じてその重要性の程度に差異が生まれると考えられる。たとえば，供給不足という経済的環境のもとでは，なによりもまず生産機能の充実がはかられることになる。こうした「重視する経営機能」という考え方によれば，すでにみたように，1970年代の戦略的計画論はいわば財務機能最重視型の計画論だといえる。しかし，この戦略的計画論は，マーケティング・マネジメントとのかかわりという視点からするといくつかの接点をもっている。

たとえば，PPM で扱う市場シェアと市場成長率は，いうならばマーケティング・マネジメント変数である。さらに，PIMS はもともと市場法則を明らかにするものであり，そこで，当初に指摘された事業成果の規定要因としての市場シェアは，当然ながらマーケティング・マネジメント変数である。このように戦略的計画論は，マーケティング・マネジメント変数の一部を特に重視するわけだが，そのこととマーケティング・マネジメントが戦略的計画論において占める位置とはまったく別の問題である。端的にいうなら，戦略的計画論がマーケティング・マネジメント変数を扱うにしても，それは財務的効率優先の計画における手段としてである。というのも，戦略的計画論における計画主体者は，トップ直属の戦略スタッフであり，けっしてミドル・マネジメントとしてのマーケティング・マネジャーではなく，マーケティング・マネジメントのためでもない。むしろ，マーケティング・マネジメントからの戦略的計画への主体的関与は，理論的にありえなかったといえるのではないか。同時に，戦略的計画論は，けっしてマネジリアル・マーケティングの考え方を敷衍するものでもなかったのである。

戦略的計画論とマーケティング・マネジメントの関連における第2の点として，さらに指摘しておきたいことがある。それは，マーケティング機能の本質にかかわるものである。

マーケティングの本質が市場創造機能にあることに，特に異論はないだろう。ところで，この市場創造機能も大きく2つに分けて考えることができる。ひとつは，まったく新しい製品の開発を中心としたものであり，いまひとつは，既存製品の存在を前提としたものである。しかし，マーケティング・マネジメントがもつ消費者志向といった理念，あるいはマーケティング・マネジメント・プロセスという実践的な視点からみても，前者の市場創造機能をマーケティング・マネジメントが強調しているのはすぐに理解できるところである。さて，戦略的計画論の考え方とこうしたマーケティング・マネジメントの本質的機能には，相容れないものがある。前述のように，戦略的計画論は，PPMおよびPIMSをその戦略論理の基盤とする以上，それは，過去のデータに依存しているのであり，あくまで「既存事業」についての意思決定を扱うものである。すなわち，「既存事業」の管理が主目的である。したがって，そこから，新規事業の創造という発想は生まれてこない。むしろ，財務的効率を優先すれば，リスクが高く新たな資金投入を必要とし，また，その回収までに時間のかかる新規事業の創造など考える余地もない。つまり，戦略的計画論にあっては，マーケティング・マネジメントにおける市場創造機能などは，むしろ抑制されてしまうのである。仮に，かかわりをもつとすれば，それはあくまで既存製品の存在を起点とした市場創造機能である。この意味において，戦略的計画論は，マーケティング・マネジメントの本質的機能の軽視に作用するのである。

以上，戦略的計画論とマーケティング・マネジメントの関連性について2つの視点から特にみてきたが，最後に，これら諸点がいわゆる戦略的マーケティング論の台頭と深く結びついていることを指摘しておきたい。

第３節　ソーシャル・マーケティングとマーケティング・マネジメント

1.　２つのソーシャル・マーケティング

前述のように，1970年代のアメリカ企業は，景気後退という経済的背景のなかで財務機能最重視型の戦略的計画を実践したが，一方で，この70年代は，いわゆる企業経営に対する経済的・社会的批判が高まった時代でもあった。すなわち，企業と社会との相互関係があらためて問い直されることとなった。

こうした状況のなかマーケティングは，理論的にどう対応しようとしたのか。端的にいうなら，マーケティングと社会との関係を明らかにするソーシャル・マーケティングという新しい概念の登場をそこにみることができる。

さて，ソーシャル・マーケティングには，２つの意味がある。ひとつは，レイザー＝ケリー(W. Lazer and E. J. Kelley)[10]流の考え方で，これまでのマーケティング理論に社会的次元を付加しようとするもので，いまひとつは，コトラー(P. Kotler)[11]流の考え方で，企業経営以外においてマーケティング理論を適用しようとするものである。

前者のソーシャル・マーケティングは，これまでいわれてきたマーケティング・マネジメントあるいはマネジリアル・マーケティングを補完するものである。これらは，行為主体である企業の目的に基づいて，マーケティング機会を探索することからはじまる一連のマネジメント活動である。しかし，その視野は極めて狭い。たとえば，マーケティング努力の焦点である消費者も，単なる購買行為者として把握するだけである。しかし，消費者の行為はけっして購買だけではない。購買した製品・サービスを消費・使用するのである。すなわち，それまでのマーケティングは，消費者の購買後の行為についてなんら配慮していない。さらにいえることは，それまでのマーケティングは，努力対象としての消費者しかみてこなかった。すなわち，対象以外の消費者への配慮は，視野に入っていないのである。換言すれば，従来のマーケティングは，消費者の経済行為以外の社会行為には関心をもっていないのである。このように，レイザー＝ケリー流のソーシャル・マーケティングは，企業のマーケティング活動を社会的視野から評価しようとするものである。

これに対して，コトラー流のソーシャル・マーケティングは，マーケティング概念を拡大することによって，その適用領域を広げようとするものである。端的にいうなら，政府，地方自治体，学校，病院，政党などのいわゆる非営利組織にマーケティング理論を適用するものである。これまでのマーケティングは，その行為主体を営利組織としての企業においてきたが，このソーシャル・マーケティングはその前提を大きく踏み越えている。

2.　マーケティング・マネジメントとの接点

そして，これまでの本書の論旨と関連するのは前者である。そこで，レイザー＝ケリー流のソーシャル・マーケティングとマーケティング・マネジメントとの関係について考えることにする。

レイザー＝ケリー流のソーシャル・マーケティングの台頭が，直接的には当時の経済的・社会的背景と結びついていたのはいうまでもない。すなわち，欠陥・有害商品の出現，虚偽・誇大広告の横行あるいは製品の計画的陳腐化政策の隆盛，さらには環境破壊や環境汚染の浮上あるいは地球資源の有限性の指摘などのなかで企業の行なうマーケティング活動への批判が極度に高まったのがこの時代である。そして，マーケティングはこうした問題の解決をはかるために，これまでの理論的なフレームワークに社会的次元を付加したのである。すなわち，企業と社会とのかかわりをマーケティングの視点から規定しようとするものである。

しかし，この高遠な理論的フレームワークは，はたして実践可能だったのだろうか。

なるほど，ソーシャル・マーケティングは，それまでのマーケティング・マネジメントに社会的次元を付加したものである。しかし，それはあくまで理論的フレームワークにおいてであり，それも極めて理念的かつ規範的なものであった。そこで指摘しているのは経済社会における企業経営の基本的なあり方であり，トップ・マネジメントの責務である。しかし，当時のマーケティングは，実践的にはミドル・マネジメントとしてのそれであった。このことを考えると，ソーシャル・マーケティングの実践可能性はかなり低かったのではないかと思われる。すなわち，ミドル・マネジメントとしてのマーケティング・マネジメントが高遠なソーシャル・マーケティングを実践しえたかは疑問である。

裏返していうなら，マーケティングにおける理論と実践の大きな乖離がそこに存在したのである。とすれば，ソーシャル・マーケティングについては，今後，こうした視点から改めて理論的，実践的に再検討することが重要であり，そのうえで，マーケティング論のなかに明確に位置づけることが必要と思われる。

注

1） PPM に関するここでの記述は以下によっている。D. F. Abell and J. S. Hammond, *Strategic Market Planning：Problems and Analytical Approaches*, Prentice-Hall, 1979. 片岡一郎・古川公成・滝沢　茂・嶋口充輝・和田充夫訳『戦略市場計画』ダイヤモンド社，1982年。

2） B. D. Henderson, *The Logic of Business Strategy*, Ballinger, 1984, p. 52.

3） D. R. Gilbert, Jr., E. Hartman, J. J. Mauriel and R. E. Freeman, *A Logic for Strategy*, Ballinger, 1988, p. 56.

4） C. H. Springer, "Strategic Management in General Electric," *Operations Research,* November-December, 1973.

5） PIMS に関するここでの記述は，以下によっている。
S. Schoeffler, R. D. Buzzell and D. F. Heany, "Impact of Strategic Planning on Profit Performance," *Harvard Business Review*, Vol. 52，March-April, 1974; R. D. Buzzell, B. T. Gale and R. G. M. Sultan, "Market Share—A Key to Profitability," *Harvard Business Review*, Vol. 53，January-February, 1975；R. D. Buzzell and B. T. Gale, *The PIMS Principles*, The Free Press, 1987. 和田充夫・87戦略研究会訳『新PIMSの戦略原則』ダイヤモンド社，1988年。

6） Buzzell and Gale, *ibid.*, p. 34，同上，46ページ。

7） ここで PIMS に関する初期の論文とは次の２つを指している。Schoeffler，Buzzell and Heany, *op. cit.*；Buzzell, Gale and Sultan, *op. cit.*

8） 市場シェアのほかには，製品（サービス）品質，マーケティング費，R&D 費，投資集中度，経営多角化度などが指摘されている。しかし，その後の PIMS 研究では，市場シェアではなく，製品（サービス）品質が強調された戦略論議が行なわれている。その後の PIMS 研究については以下を参照。Buzzell and Gale, *op. cit*（前掲）.

9）Buzzell, Gale and Sultan, *op. cit.*, p. 102.

10）W. Lazer and E. J. Kelley eds., *Social Marketing : Perspectives and Viewpoints*, Richard D. Irwin, 1973.

11）P. Kotler, *Marketing for Nonprofit Organization*, Prentice-Hall, 1975.

第4章

戦略的マーケティングの台頭

1980年代には，それまでの限られた市場でのいわば分析中心の戦略的計画論から，新たな成長機会を求める戦略的経営論への理論的転換がみられる中で，企業におけるマーケティングの役割も大きく変化することになった。そこで本章では，これらのことを背景として，企業・事業レベルのマーケティングといわれる戦略的マーケティングがどのような目的と期待をもって台頭することになったのかを戦略的経営論との関係から明らかにする。

●第1節● 1980年代アメリカ産業の国際的競争力低下とその原因

1980年代を象徴するのがアメリカ産業の国際的競争力低下である。その原因については，多くの論者によって指摘されているが，それらの指摘は，「ドル高」,「非体系的産業政策」,「短期指向的企業経営」,「アメリカ的生産システム機能低下」の４つの原因説に集約できるという[1)]。そこで以下，これを簡単にみていく。

まず,「ドル高」原因説であるが，これはいうまでもなく，アメリカの貿易収支の赤字を1980年代前半のアメリカのドル高政策に求めるものである。しかしながら, 1985年のG5合意以降の大幅なドル安にもかかわらず，アメリカの貿易収支の赤字が増大しており，その説得力には疑問が残る。また,「非体系的産業政策」原因説は，アメリカに体系的な産業政策が存在しないとするものであるが，これについては，日本の成功がひとつには優れた産業政策にあるとする見方と対応させると興味深い指摘といえる[2)]。次が「短期指向的企業経営」原因説である。これは，技術革新や設備投資に対する怠慢，独特の株式所有構造を背景としたROI偏重および短期利益指向の経営が，アメリカ産業の国際的競争力低下をもたらしたとするものである。最後が「アメリカ的生産システム機能低下」原因説である。つまり，顧客ニーズの多様化および経済のグローバル化が急速に進展するなかで，いわゆる標準化製品の大量生産を志向するアメリカ的生産システムの機能的限界が，アメリカ産業の国際的競争力低下をもたらしたとするのがこの説である。

このように，1980年代におけるアメリカ産業の国際的競争力低下の原因については，いくつかの視点からその指摘が行なわれている。本書は，広義に企業経営の問題を扱っていることから，これら諸説のうち「短期指向的企業経営」原因説を特に取り上げ，アメリカ産業の国際的競争力の低下についてさらに議論を進めることにする。それは，端的にいうなら，アメリカ企業の経営体質の問題である。

さて，1980年代におけるアメリカ企業あるいは産業の国際的競争力低下のひとつの原因として，このアメリカ企業の経営体質の問題を指摘する論者は多い。

たとえば，1980年には，ヘイズ＝アバナシー(R. H. Hayes and W. J. Abernathy）は，著名な経営誌である『ハーバード・ビジネス・レビュー』(*Harvard Business Review*）においてこの問題について議論している。彼らは，アメリカ経済の停滞はアメリカの経営者が依拠してきた経営理論に問題があったからだとし，その理論の特徴を特に分析的推論と方法論的優雅さを志向するもので，経験に基づく深い洞察力による経営を排除するものと指摘している。そして，アメリカ流の経営の特徴として，短期的な「財務管理」，「企業ポートフォリオ・マネジメント」，短期的な「市場駆動行動（market-driven behavior)」の3つをあげている[3)]。若干の説明を加えるなら，短期的な「財務管理」というのは，いうまでもなく，ROIを中心とした財務志向の経営をいうのであり，また，いわゆるPPMによる多角化企業の管理は，経営者をして，経営資源の配分そのものに関心をおくことになり，どうしても受動的な経営に成り易いということである。さらに，直前の短期的な消費者ニーズへの適応ばかりを重視すると，新しい技術や資本の蓄積に遅れをとることになるとしているのである。

彼らのこうした指摘は，極めて重要な意味をもっている。すでに本書では，戦略的計画論についての検討を終えているが，そこで特質として指摘された諸点とヘイズ＝アバナシーが指摘する諸点の関係に注目したい。

戦略的計画論は，1970年代のアメリカ企業が実践した経営計画論であることはいうまでもないが，それは，主体としてのアメリカ企業があって初めて実践されたのであり，その場合に，主体としてのアメリカ企業の経営体質が，色濃く反映されているというのは当然のことといえる。つまり，戦略的計画論は，少なくとも1970年代のアメリカ企業の経営体質のもとで実践されたのであり，両者は，けっして別々に考えるべきものではない。とすれば，アメリカ産業あるいは企業の国際的競争力が低下したひとつの原因を，アメリカ企業がもつ経営体質のもとで実践された「戦略的計画論」そのものに求めることもできるのである。

第２節　戦略的計画論から戦略的経営論へ

こうして，1980年代に入ってアメリカ企業の国際的競争力の低下が喧伝される中で，いわゆる経営計画論においては戦略的計画論から戦略的経営論へという新たな動きがみられるようになった。ここでは，この新しい戦略的経営論という考え方を，戦略的計画論との対比によって明らかにする。

ところで，アメリカにおける経営計画論の史的発展プロセスについては多くの論者が述べているが，それらはほぼ共通した認識の上にたっている。つまり，アメリカの経営計画論の流れを予算／統制計画論―長期計画論―戦略的計画論―戦略的経営論として把握することである[4)]。したがって，すでに詳述した1970年代の戦略的計画論は戦後の長期計画論の発展形態であり，また，それは80年代になって戦略的経営論へ発展していったことがわかる。そこで，戦略的計画論と戦略的経営論を対比する前に，両者の発展プロセスに先立つ長期計画論について簡単に触れることにする。

さて，長期計画の考え方は，次のように説明することができる。すなわち，この長期計画は，いわば安定した経営環境のもとで，過去の傾向はそのまま継続するという認識のもとにたてられる。たとえば，事業の成長性といった将来予測が過去のデータに基づいて行なわれ，その予測のもとにさまざまな経営活動が調整されていくというものである。そして，計画と現実との間に生じる差異は，連続的な安定した経営環境ゆえにギャップ分析を行なうことによってかなりの程度説明可能となる。したがって，その因果関係が把握できるのであれば調整は容易であり，その意味においてこの長期計画の信頼性は確保されるのである。また，当然ながらこの長期計画論が想定する計画期間は，年次計画をこえた長いものとなる。このように，長期計画というのは，安定した経営環境のもとでたてる経営計画の考え方であり，その前提には，過去の傾向がそのまま将来も継続するという仮定がある。

ところで，1960年代はアメリカ企業が急速に経営多角化を推進した時代でもあるが，その多角化による企業成長の理論的・実践的指針となったのが，アンゾフ（H. I. Ansoff）の *Corporate Strategy*, McGraw-Hill, 1965（広田寿亮訳『企業戦略論』産業能率短期大学出版部, 1969年）であることは周知のとおりである。彼はその著書の中で，意思決定論の視点から経営意思決定を製品—市場ミックスの選択に関する戦略的意思決定，資源の組織化に関する管理的意思決定，現行業務の最適化に関する業務的意思決定の３つに区分している。ここで経営問題を対外的なものと対内的なものの２つの領域に分けるとするなら，アンゾフは，製品—市場ミックスといういわば対外的なものとのかかわりについての経営意思決定を戦略的問題としたのであり，管理的問題，業務的問題を対内的な意思決定としたのである。そして，彼は，管理的意思決定についてはチャンドラー（A. D. Chandler, Jr.）の，また，業務的意思決定についてはサイアート＝マーチ（R. M. Cyert and J. G. March）の大きな貢献があると指摘し，自身が扱ったのは，いわゆる戦略的意思決定の問題であることを明言している。このように，アンゾフは，製品と市場の組み合わせに関する経営意思決定を戦略的意思決定とよび，それは，この時期のアメリカ企業の経営多角化による企業成長の指針となったのである。

そして，すでに述べたように，1970年代の景気後退という経済的背景のもとで，アメリカ企業はそれまでの積極的な経営多角化行動から，一転して，かぎられた経営諸資源の効率的配分問題へ経営の重点を移行させたのであり，そうした経営行動の理論的よりどころとなったのが戦略的計画論であった。

しかしながら，企業はもともと going concern であり，低成長経済への対応にも理論的に限界がある。すなわち，単なる維持・存続ではなく成長という視点が経営計画論のなかに入ってこなければならない。換言すれば，新たな成長機会の探索という問題である。そこでは，常に変化する経営環境への即時的な適応が要求されることになる。つまり，環境変化の迅速な読み取りとそれへの即時的対応である。ところが，これまでの戦略的計画は，基本的には期間的計画であるとともに，いわば計画中心のマネジメントであった。つまり，即時的に適応していくには計画だけではなくむしろその実行が重視されなくてはならない。戦略的計画は，即時的な戦略策定および戦略実施には，もともと疎いのである。

そこで，これらの戦略的計画論の弱点を是正し，より包括的な視点にたった戦略的経営なる考え方が1970年代後半ごろから登場することになった。つまり，戦略的経営論の台頭である。そして，この戦略的経営は，少なくとも３つの特質をもつことになった。すなわち，⑴組織のあらゆるレベルで漲る戦略的思考，⑵包括的な計画プロセス，⑶組織が固有にもつ価値システムの支持[5)]，である。

さて，前述のアンゾフは，1978年に *Strategic Management*, Macmillan（中村元一訳『戦略経営論』産業能率大学出版部, 1980年）を発表したが，その主たる目的は，環境と組織の相互作用および組織内部構造の変化の過程を取り扱うことにあった。つまり，前著『企業戦略論』では，組織内部の問題については論究されていないし，環境と組織の相互作用という問題にしても製品―市場という部分的な問題に限定されていた。しかし，経営環境の急激な変化は，環境と組織の社会的・政治的な相互作用という新たな問題を浮上させたのであり，また，戦略の計画にだけ注目するのではなくその実施にも配慮すべきであり，その場合には，組織がもつ風土に視点をおく必要があるとしたのである。つまり，アンゾフは，戦略的計画論にかえて戦略的経営論を論じることになったのである。

最後に，これら戦略的計画論と戦略的経営論の相違について検討することにする。

いうまでもなく，戦略的経営というフレームワークは，戦略的計画における それの不備を補うものとして考えだされたものである。したがって，その意味 からすれば，戦略的経営論は戦略的計画論の発展形態であり，後者を包括する より広い概念といえる。たとえば，ハッセイ（D. E. Hussey）は，戦略的計画の 発展形態としての戦略的経営は，事業をより完全に管理する方法であり，それ は，市場や意思決定ばかりではなく社会の発展とか戦略の実施，そして，組織 の構造および風土と戦略との適合性に関連するものとしている[6]。

ところで，もともと経営学は，企業経営における対内的諸問題に主たる関心 をもって発展してきたのであるが，いわゆる対外的諸問題にとくに注目するよ うになったのは，戦略的意思決定なる概念のもとに製品―市場マトリクスを提 示した前述のアンゾフ以降である。したがって，この長期計画論―戦略的計画 論―戦略的経営論という発展プロセスは，経営学における関心の焦点の変化そ のものを表わしているのである。

さて，企業の対市場活動の総称であるマーケティングにとって，これまで述 べてきた経営計画論における重点機能の変化は実に興味深いものがある。そこ で，長期計画論，戦略的計画論，戦略的経営論のそれぞれとマーケティング・ マネジメントのかかわりについて若干の指摘をしておきたい。

まず第1に，それまで対内的諸問題に関心をもってきた経営計画論がはじめ て対外的諸問題へ関心を移行させたのが長期計画論だったが，それが扱う製品 ―市場マトリクスという考え方は，マーケティング・マネジメントのまさに本 質的関心領域と一致している。第2に，戦略的計画論が財務的効率追求のため に扱った市場シェアおよび市場成長率といった変数は，マーケティング変数そ のものである。

第3に，すでに述べたように，新たな成長機会の探索という1980年代以降の 経営行動は，戦略的計画論における財務志向とまったく異なる方向性をもつも のであり，この成長機会の探索という経営行動は，実はマーケティング・マネ ジメントと極めて深い関係がある。戦略的計画論から戦略的経営論への発展 は，経営計画論におけるマーケティング理論の再評価であり，また，それへの 部分的な依存を意味している。

このように，マーケティング・マネジメントは，それぞれの経営計画論に対して独自の接点をもってきたといえる。そして，こうした認識こそが，本書のテーマである戦略的マーケティング台頭の背景およびその具体的内容の説明にあたって，極めて有効な視点を提供してくれることになる。特に，第３に指摘した戦略的経営論におけるマーケティング理論の位置づけは，経営計画論におけるマーケティング理論の再評価を意味しており，戦略的マーケティングという新しいマーケティング論の登場と極めて深い関係がある。

第３節　戦略的マーケティング成立への胎動

1．マーケティングの役割の変化

前節では，経営計画論の理論的発展プロセスとマーケティング・マネジメントとのかかわりをみたが，ここで舞台をマーケティング論に戻し，新しいマーケティング論としての戦略的マーケティングを標榜する論者が，企業経営におけるマーケティングの役割の変化をどのように認識しているかをまずみることにする。

さて，PIMS 研究で有名なバゼル（R. D. Buzzell）[7]は，比較的早くからこの問題についての見解を表明している。彼は，戦後のマーケティングの展開を大きく1960年代まで，70年代，80年代以降というように区分し，それぞれの時期におけるマーケティングの特徴を企業経営とのかかわりにおいて述べている。また，少し遅れてデイ＝ウェンズレイ（G. S. Day and R. Wensley）[8]も，同じような視点からの見解を示している。ここでは，デイ＝ウエンズレイの見解の概要を明らかにする（図表４－１参照）。

（1）　1960年代：マーケティングの黄金時代

1960年代は，マーケティングにとっていわば黄金の時代であった。つまり，経済的好況という背景のなかで，「マーケティング志向は，成長市場における利

図表4－1　マーケティングの役割の変化

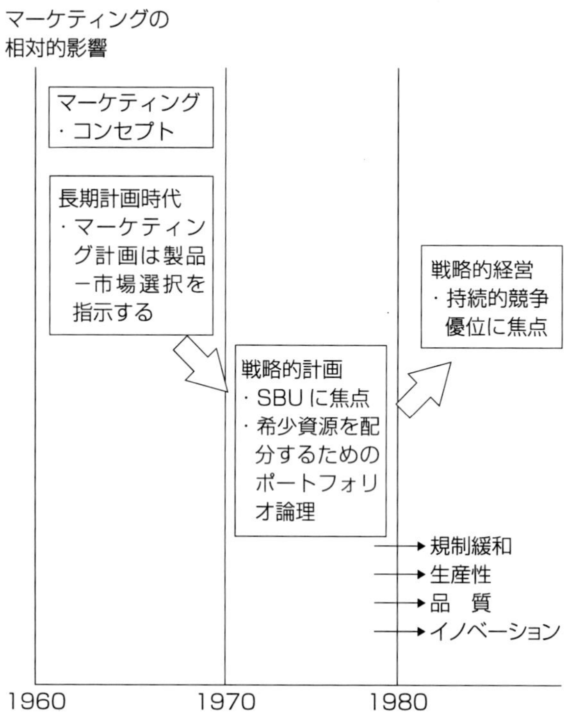

出典：G. S. Day and R. Wensley, "Marketing Theory with a Strategic Orientation," *Journal of Marketing*, Vol. 47, Fall, 1983, p. 80.

益向上の重要な要素として企業に受け入れられ，また，長期計画の不備から，マーケティング計画は，企業の製品—市場選択に指針を与えることによって戦略的変化に対する有力な手段となった[9]」のである。換言すれば，企業経営を消費者ニーズとの関係において規定しようとするマーケティングの考え方は，この時期，多くのアメリカ企業に導入され，また，実践されたのである。たとえば，マーケティング戦略の考え方は，そうしたマーケティング的な思考をまさに実践的に示すものだったといえる。つまり，経済的好況という背景のもとで，アメリカ企業は，企業成長の方向性を積極的に探索する必要があったが，その際の大きな指針を与えたのがマーケティング的思考である。そして，マーケティング戦略は，標的市場の確定とマーケティング・ミックスの構築という策定プロセスをつうじて実践的な戦略策定の役割を担っていったのである。

（2）　1970年代：マーケティングの試練の時代

しかし，1970年代になると，経済的状況は一変することになった。つまり，石油危機を発端として，インフレーションの蔓延，利子率の上昇，政府規制の増大といった1960年代の経済的好況と極めて対照的な状況となったのである。こうしたなかで，多くの企業は，これまでのようにマーケティングではなく，いわゆる財務的パフォーマンスにその関心をもつこととなり，新製品開発や製品の多様化などの問題を中心としてマーケティングに対する懐疑を高めたのである。したがって，「70年代においては，マーケティングの影響力は弱体化し，一方で，戦略的計画が優勢となった[10)]」のである。一転して，企業経営におけるマーケティングの位置は，後退したのである。こうして，企業経営におけるマーケティングの役割は，短期的，戦術的な責務を負うだけとなり，したがって，この時期はマーケティングにとってまさに試練の時代だったといえる。

（3）　1980年代：マーケティングの再評価

1980年代に入って，企業がまず認識したのは「低成長経済において，成長あるいはポジションの確保のために新しい機会を探索しなければならないことを自覚する企業ほどその競争的圧力はより激しくなってきており，それは，単に現在のポジションを強化するだけでは不十分[11)]」だということである。つまり，低成長経済のなかで競争的圧力はいっそう高くなり，既存製品，既存市場を中心として現在の地位を単に強化するというのではなく，新しい事業機会そのものを探索することによって，持続的競争優位（sustainable competitive advantage）をはかることが必要になった。さらに，急速な技術革新，規制緩和，生産性への圧力，品質の強調などの要因を背景とした競争の新しい源泉にもとづく，まったく新しい局面への対応が要求されるようになったのである。こうして，新しい事業機会の探索へ経営の関心が移行していくなかで，企業経営におけるマーケティングの役割は，新たな展開を示すことになったというのである。

以上のストーリーを単純化するならば，マーケティングは1960年代の黄金の時代，70年代の試練の時代，80年代の再評価の時代と大きくその役割を変化させてきたといえる。いうまでもなく，本章が問題とする戦略的マーケティングは，1980年代の新たな展開の時代のなかで，戦略的マーケティング論者によって盛んに議論されたものである。

そして，特に留意すべきは，新しい事業の探索を起点とした持続的競争優位という視点であり，また，新たな技術革新あるいは規制緩和といった背景のもとでの新しい局面への対応という視点である。これを別のいい方で表現すれば，戦略的マーケティングは，既存の制約のなかで新たな突破口を切り開くこと，そして，新たな環境のなかで新しい市場の創造を目指すという二重の期待を担うことになったのである。既存の環境であろうが新しい環境であろうが，ここで，マーケティングに求められるのは，消費者ニーズの探索であり，それを起点とした事業の構築と思われる。それは，戦略的マーケティング論者が，1980年代をマーケティング・コンセプトの復活の時代[12]と把握していることからも明らかである。こうした点からも，マーケティングの本質は，まさに市場創造機能にあると理解することが妥当だし，もし，戦略的マーケティングの独自性を主張するなら，まさにこの部分が重視されなくてはならない。

2.　戦略的マーケティング成立への胎動

さて，戦略的マーケティング成立への胎動は，先に示したように戦略的経営論の構築が進むなかで始まった。端的にいうなら，それは戦略的経営論へのマーケティング論の貢献という，極めて受動的・非主体的な視点からであった。

ジェミソン（D. B. Jemison）は，戦略的経営論の構築にはいわゆる中範囲理論（mid-range theory）の開発が必要とされるということから，産業組織論，マーケティング論，管理行動論の３つが，それぞれ戦略的経営論の体系化にどういった貢献をはたすか検討した[13]。基本的に，彼は戦略的経営論の構築にはこれら３つの学問分野における諸知識が統合されることが必要であるとの認識にたち，産業組織論については，ポーター(M. E. Porter)[14]の，マーケティング論についてビガダイク（E. R. Biggadike)[15]の，また，管理行動論については彼自身[16]の，それぞれの学問分野における諸知識が戦略的経営論にどう貢献するかに関する見解をもとに，独自の議論展開を行なっている。

さて，図表4－2にあるように彼は，具体的にこれら3つの学問領域について，(1)分析単位，(2)アドレスする問題のタイプ，(3)支配的研究方法，(4)支配的推論パターン，(5)戦略策定における有益性，(6)戦略実施における有益性，という6つの視点から比較している。

図表4－2　戦略的経営パラダイムに関する比較

	産業組織論	マーケティング論	管理行動論
分析単位	産　業	産業内の企業	企業それ自身，あるいは企業のサブ単位
アドレスする問題のタイプ	内　容	内　容	プロセス
支配的研究方法	縦断的研究 公的データ	縦断的研究および横断的研究 公的データおよび知覚データ	横断的研究 知覚データ
支配的推論パターン	産業構造は企業成果を制約する	マネジャーが成果に影響する製品・市場の結合を処理する	マネジャーが成果に影響する組織の構造とプロセスを処理する
戦略策定における有益性 a			
企業レベル	4	3	3
事業レベル	2	4	3
機能レベル	2	3	4
戦略実施における有益性 a			
企業レベル	2	3	3
事業レベル	1	4	4
機能レベル	1	2	4

a：4＝大変有益，3＝有益，2＝場合によって有益，1＝有益でない。

出典：D. B. Jemison, "The Importance of an Integrative Approach to Strategic Management Research," *Academy of Management Review*, Vol. 6, No. 4, 1981, p. 602.

それによれば，マーケティング論における分析単位は産業内の企業にあり，その関心はなにをなすべきかという戦略の内容にあることになる。そして，マーケティング論は，製品―市場の適切な結合が長期的な成功を決定するという推論パターンをもっており，これまでのマーケティング論における研究成果は，この事業レベルの戦略策定にもっとも有効と考えている[17)]。もちろん，彼の主たる関心は，産業組織論，マーケティング論，管理行動論を統合することによって戦略的経営論を構築することにあり，当該論文における議論展開もその趣旨にそって行なわれているが，ここで，これ以上彼の議論にふれることはしない。

それでは，前述のビガダイクは，戦略的経営論への貢献という視点からマーケティング論をどのように評価したのだろうか。

ビガダイクは，戦略的経営は企業および事業単位の両方で生じるとして両者の結合パラダイムを示し，これといわゆるマーケティング・マネジメント・パラダイム（彼が想定したのはマッカーシーのもの）を比較することから始めた。

それによれば，両者の共通点として，ともに環境への関心をもち，また，統制可能要素として製品を共有していることをあげている。逆に，相違点としては，マーケティング・マネジメントにとって統制可能要素である場所とプロモーションの2つは戦略的経営問題の中核ではないこと，戦略的経営において中核変数である技術の選択，垂直的統合のレベル，製造プロセスのタイプ，資本集中度などは，マーケティング変数ではないことをあげ，さらに，ともに組織能力を問題とするけれども，マーケティング・マネジメントは，経営者の人的価値とかリーダーシップのスタイルといった問題をあまり扱わないことを指摘している[18)]。したがって，もし，マーケティング・マネジメント論が戦略的経営論の構築に貢献できるとすれば，両者の共通部分においてということになる。

続いて，ビガダイクは，戦略的経営論の構築に対するマーケティング・マネジメントの貢献を具体的に示そうとした。そのために，彼は，これまでのマーケティング研究の成果をレビューしたアメリカ・マーケティング協会（American Marketing Association）の委員会報告[19)]に注目した。報告書は，1952年から77年の25年間のマーケティングの研究における成果がマーケティング・マネジメントにどのような影響を与えたのかを分析したもので，委員会は64の意味ある理論，コンセプト，方法，技法を提示したが，ビガダイクは，戦略的経営論への貢献という視点から，これらを再評価した。

それによれば，64の新知識のうち約60％は次の３つの理由の何れかひとつに該当することから，戦略的経営論に貢献していないという。すなわち，⑴そのほとんどが機能レベルのものである，⑶分析の単位が狭い，⑶未普及である，の３つのである。[20)]

そして，戦略的経営論に貢献するマーケティング知識をリストアップし，さらに，このうちもっとも重要なものとして，マーケティング・コンセプト，市場細分化，ポジショニング，マッピング，PLC の５つをあげている。[21)]そして，マーケティング・コンセプトは，環境の定義にあたって消費者の重要性を指摘するものであり，市場細分化，ポジショニング，マッピングは，消費者を共通ニーズのもとにグループ化するとともに，競争状況を配慮した対象セグメントの決定に有効だという。また，PLC は，環境に応じたダイナミックな戦略選択を支援するとし，最終的に，マーケティング・マネジメントは，戦略的経営論に対して理論構築のうえでの貢献はわずかであるものの，理念的・概念的・方法的レベルにおいて戦略的経営論を支援すると結論づけている。[22)]なお，ここで，ビガダイクが理論構築上の貢献が少ないといったのは，そもそも，これまでのマーケティング・マネジメント研究は，狭く限定された個別問題についての理論構築はしてきても，パラダイム全体を見渡す包括的な理論構築に努力してきていないという意味においてである。[23)]

このようにマーケティング・マネジメントは，戦略的経営論への貢献という視点から，再評価されることになったのである。しかし，それは同時に，新しいマーケティング体系の登場を暗示するものでもあった。

ジェミソンは，前述のように事業レベルの戦略の策定（および実施）にマーケティング・マネジメント知識はとくに有用だと考えたが，これまでのマーケティング・マネジメントは，少なくとも事業レベルにおける戦略の策定と実施を前提としたものではなかった。すなわち，それは，実質的に機能レベルを前提としたものにすぎなかった。したがって，ここで少なくとも，事業レベルにおけるマーケティング体系が提示されなくてはならなくなる。また，ビガダイクもマーケティング・マネジメントからの戦略的経営論への貢献を認めながら，その場合における懸念を次のように表明している。[24)]

まず第1に，戦略研究そのものがデータの入手困難性を起因として，極めて個別企業志向的かつ問題志向的であり，マーケティング視点からの戦略研究にも同時にそのことがあてはまるという。これは，こうした研究が，一般論の構築を志向していないという批判として解釈できる。第2に，マーケティングの関心が，事業単位あるいは産業単位レベルにはなく，また，長期的時間水準にないという懸念である。これは，これまでのマーケティング・マネジメントは，ブランド（あるいは製品）レベルの問題に関心があり，かつ短期志向だったという批判として理解できる。このうち前者の分析単位レベルの問題は，ジェミソンの指摘と同じである。そして，このような批判は，これまでのマーケティング・マネジメント研究の限界を示すものと理解できる。

以上みてきたように，マーケティングはそれがもつ固有の対外的機能が再評価され，企業経営という実践においても，また，戦略的計画論の不備を補い戦略的経営論の構築を支援するという理論的側面においても，新しい展開が求められることになったのであり，ここに戦略的マーケティング成立への胎動をみることができる。しかしながら，戦略的マーケティングという新しいマーケティングの体系化の方向は2つある。ひとつは，戦略的経営論への貢献という受動的・非主体的視点から，戦略的経営論そのものに組み込まれていくという方向であり，いまひとつは，マーケティングがもつ市場創造機能を中心として独自の体系を提示するという方向である。そして，この興味ある2つの方向の具体的展開は，次章において明らかにされる。

注

1）坂本和一『21世紀システム　資本主義の新段階』東洋経済新報社，1991年，186ページ。

2）P. Kotler, L. Fahey and S. Jatusripitak, *The New Competition*, Prentice-Hall International, 1986, pp. 64-74. 増岡信男訳『日米新競争時代を読む』東急エージェンシー，1986年，97〜111ページ。

3）R. H. Hayes and W. J. Abernathy, "Managing Our Way to Economic Decline," *Harvard Business Review*, Vol. 58, July-August, 1980.「経済停滞への道をいかに制御し発展に導くか」『ダイヤモンド・ハーバード・ビジネス』11・12月号，1980年。

4）アメリカにおける経営計画論の発展をこのように把握するのは，以下の文献によっている。F. W. Gluck, S. P. Kaufman and A. S. Walleck, "Strategic Management for Competitive Advantage," *Harvard Business Review*, Vol. 58, July-August, 1980（「競争に打ち勝つ戦略の管理－その実現への４段階－」『ダイヤモンド・ハーバード・ビジネス』1980年11・12月号）；D. A. Aaker, *Strategic Market Management*, John Wiley & Sons, 1984 ；G. S. Day, Strategic Market Planning, West, 1984 ；D. E. Hussey, "Developments in Strategic Management," in D. E. Hussey ed., *International Review of Strategic Management*, Vol. 1, John Wiley & Sons, 1990. また，長期計画，戦略的計画，戦略的経営および経営政策（business policy）のそれぞれの語義に関する議論については，以下を参照のこと。M. Leontiades, "The Confusing Words of Business Policy," *Academy of Management Review*, Vol. 7, No. 1, 1982.

5） L. W. Rue and P. G. Holland, *Strategic Management：Concepts and Experiences*, McGraw-Hill, 1989, p. 30.

6） Hussey, *op. cit.*, p. 5.

7） R. D. Buzzell, "Marketing Management：Past, Present, and Future," *Proceeding of the Marketing Science Institute 20th Anniversary Conference*, Report No. 82-101, MSI, 1981.

8） G. S. Day and R. Wensley, "Marketing Theory with a Strategic Orientation," *Journal of Marketing*, Vol. 47, Fall, 1983.

9） *Ibid.*, pp. 79-80.

10） *Ibid.*, p. 80.

11） *Ibid.*

12） Buzzell, *op. cit.*；F. E. Webster, Jr., "The Rediscovery of the Marketing Concept," *Business Horizons*, May-June, 1988.

13） D. B. Jemison, "The Importance of an Integrative Approach to Strategic Management Research," *Academy of Management Review*, Vol. 6, No. 4, 1981.

14） M. E. Porter, "The Contributions of Industrial Organization to Strategic Management," *Academy of Management Review*, Vol. 6, No. 4, 1981.

15） E. R. Biggadike, "The Contiributions of Marketing to Strategic Management," *Academy of Management Review*, Vol. 6, No. 4, 1981.

16） D. B. Jemison, "The Contributions of Administrative Behavior to Strategic Management," *Academy of Management Review*, Vol. 6, No. 4, 1981.

17） Jemison, *op. cit.*, p. 604.

18） Biggadike, *op. cit.*, p. 622.

19） J. G. Mayers, S. A. Greyser and W. F. Massy, "The Effectiveness of Market-ing's R&D for Marketing Management：An Assessment," *Journal of Marketing*, Vol. 43, January, 1979.

20） Biggadike, *op. cit.*, p. 623.

21） *Ibid.*

22） *Ibid.*, pp. 621 and 631.

23） *Ibid.*, p. 623.

24） *Ibid.*, p. 631.

第5章
戦略的マーケティングの概念とプロセス

本章では，伝統的マーケティング・マネジメントの理論的な限界を明らかにするとともに，多角化企業を念頭においた新たな戦略的マーケティングの概念とプロセスについて述べる。具体的には，さまざまな論者による諸説を検討することで，戦略的マーケティングの概念及びプロセスを浮き彫りにし，また，戦略的マーケティングの本質が市場創造と統合にあること，そして，それが組織への接近を意図していることを指摘する。

●第1節● 伝統的なマーケティング・マネジメントの限界

ウィンド=ロバートソン（Y. Wind and T. S. Robertson）によれば，伝統的なマーケティング・マネジメントには，次のような限界があるという[1)]。すなわち，(1)分析単位としてブランドに固執，(2)マーケティングの学際的孤立，(3)シナジーの検討不足，(4)短期志向，(5)競争分析の欠如，(6)国際志向の欠如，(7)統合された戦略的フレームワークの欠如，である。そこで，これらの指摘に若干のコメントを加えることにする。

さて，まずは分析単位の問題である。すでにジェミソンやビガダイクの指摘にあったように，これまでのマーケティングは，実態としてその分析単位がブランドあるいは製品にあり，いわゆる事業や企業のレベルにはなかったという指摘である。すなわち，これまでのマーケティング・マネジメントは，ブランドあるいは製品という，いわば下位レベルのマーケティング問題に関心を持ってきたのであり，事業単位や企業単位レベルでのマーケティング問題を解決するための体系ではなかった。その意味からすれば，こうした上位レベルでのマーケティング問題を解決するための分析フレームワークの確立が，急務といえる。換言すれば，これまでのマーケティング・マネジメントが関心を持ってきたのは，あくまで，マーケティング内部の問題であり，企業単位や事業単位レベルで必要となる他の経営諸機能との関係に目を向けることなく，すなわち，学際的にも孤立し，４つのＰを中心とした短期的マネジメント，すなわち，短期志向に終始してきたといえる。

また，シナジーの検討不足という点であるが，これも上記の指摘と関連している。すなわち，これまでは，個々のブランドあるいは製品に分析単位をおいてきたのであり，それらの組み合わせ，言い換えれば，個々のブランドあるいは製品のいくつかを統合した事業あるいは企業といった視点がないということである。たとえば，個々のブランドあるいは製品ごとの分析では，全体としての成果は分析できない。何故なら，ブランドあるいは製品の「組み合わせ」そのものが生むシナジー(プラスだけでなくマイナスもある）を分析できないからである。シナジーの検討不足という問題点も，考えれば，それを検討するためのフレームワークそのものをこれまでのマーケティング・マネジメントは持ち合わせていないということである。

続いて，競争分析の欠如という指摘について考えてみたい。第２章で明らかにしたように，戦略という概念を象徴的に規定するもののひとつが対競争性という視点であり，ハワードのいうマーケティング戦略の概念においても，この対競争性という特質が強調されている。しかしながら，オクセンフェルトを起点としたマーケティング戦略策定論には，こうした対競争性という視点は組み込まれていない。すなわち，標的市場の確定とマーケティング・ミックスの構築という戦略策定プロセスにあって，競争への対応というプロセスはない。したがって，これまでのマーケティング戦略論のほとんどがこのオクセンフェルト流のものであることを考えれば，少なくとも，こうしたマーケティング戦略論（マーケティング・マネジメント論ではない）に競争分析の視点がないと指摘がされても仕方ないだろう。

さて次は，国際志向の欠如についてである。これは，マーケティングそのものの生成の歴史に遡って考えることが必要である。周知のように，マーケティングは，20世紀初頭，アメリカで誕生したものである。具体的にいえば，当時のアメリカはイギリスのように植民地をもたず，極めて限られた国内市場を対象にして企業活動を行なわざるを得ない状況にあった。すなわち，アメリカ企業が流通あるいは販売の問題を考えるのも，当然ながら国内市場においてである。製造企業による流通あるいは販売への直接的関与として生まれたのがマーケティングだが，アメリカ企業の多くは，はじめから国内志向であることを強いられたのであり，それを実践するマーケティングもまた同様である。そして，アメリカ・マーケティングは1960年代になってようやく国際的視点からの研究に強い関心が寄せられるようになったが，量的には必ずしも多く行なわれているわけではない。このようにみてくると，伝統的なマーケティング・マネジメントに国際志向が欠如しているとの指摘にも頷けるものがある。

最後が，以上の限界を踏まえた統合的な戦略的フレームワークがないという指摘である。これはすなわち，新しいマーケティングとしての戦略的マーケティング体系がないということに繋がっていく。

しかしながら，これらの指摘が，そのままこれまでの伝統的なマーケティング・マネジメントを否定するものではない。それは，新たな状況のなかでの限界に過ぎず，依然としてブランドあるいは製品レベルのマーケティング・マネジメントには有効である。換言するなら，戦略的マーケティングは伝統的なマーケティング・マネジメントに取って代わるものではなく，その上位概念にあたるものなのである。

第2節　戦略的マーケティングの諸説

1.　戦略のレベル

マーケティング・マネジメントと戦略的マーケティングは，企業経営にあっては同時に存在するものである。したがって，ひとつの企業構造のなかで両者は，明確に区分されなくてはならない。そのための視点は，戦略レベルの階層性に求めることができる。

さて，多様化した巨大な企業における戦略レベルは3つある。すなわち，企業あるいは全社レベル，事業レベル，機能レベルである。本書では，すでにこうした使い分けをしてきたが，改めて，それぞれのレベルにおける関心および相互の関連性を明らかにすれば次のようになる[2)]。

（1）　**企業レベル**―企業の目的は，トップ・レベルで設定される。それは，具体的に，①対象とする事業とその数の確定を含む企業の目的・目標を決定すること，②それらの目的・目標を達成するのに必要な諸資源を取得すること，③ 目的を達成するために異なる事業間に諸資源を配分すること，を通じて行なわれる。したがって，このレベルの焦点は，事業のポートフォリオである。

（2）　**事業レベル**―広い消費者ニーズを満足させる事業活動の範囲，その範囲における事業の目的を決定し，それらの目的が達成されるように政策を設定することをその内容としている。つまり，このレベルの戦略策定は，市場，地理的エリアおよび技術に関してその活動範囲を輪郭づけたのちに，事業の目的と目標の選択，事業のチャートの作成を含んでいる。

（3）　**機能レベル**―事業戦略を実施するための一連の実行可能なプログラムを開発することが，機能レベルにおける内容である。つまり，それは，マーケティング，生産，財務，研究開発などにおける目的・目標の選択を含んでいる。したがって，先の事業レベルでは，先にこの職能レベルの活動プログラムを執行し，また，調整するためのプログラムのサブセットを選択することが必要となる。

以上のように，企業経営における戦略レベルの相違は，その階層性という視点に立つことによってより鮮明になる。それぞれ3つのレベルにおける戦略は，独自に主体性をもって存在するとともに相互に関連している。そして，新しいマーケティングとしての戦略的マーケティングを考える場合，この戦略レベルの階層性という視点が極めて有効に作用する。すなわち，これまで伝統的にいわれてきたマーケティング・マネジメントは，機能レベルのマーケティングをいうのであり，その関心は，ブランドあるいは製品レベルのマーケティング問題である。したがって，新しいマーケティングとしての戦略的マーケティングとは，企業経営におけるマーケティングの役割の上昇を踏まえた事業あるいは企業レベルのマーケティングということになる。

そして，翻って考えるならば，これまでのマーケティングは，こうした戦略レベルあるいはマネジメント・レベルの階層性について必ずしも適切に対応してきたわけではなかったと思われる。その理由は，これまでのマーケティングが想定していた企業は，いわば単一事業企業だからである。すなわち，ひとつの事業だけを経営する企業組織だったのである。しかし，現実は必ずしもそうではなく，むしろ，今日の多くの巨大企業は経営の多角化を行なっており，それが経営する事業は複数である。すなわち，複数事業企業である。少なくとも，こうした事実を考えるならば，これまでのマーケティングは，その理論的前提そのものに限界があったということになる。その意味からも，企業経営の多角化といった現実を踏まえた新しいフレームワークが必要だったのである

そこで以下，新しい戦略的マーケティングの考え方を，その論者たちの見解にそって検討する。

2.　キャディ＝バゼル説

キャディ＝バゼル（J. F. Cady and R. D. Buzzell）の問題意識は，アメリカのトップ・マネジメントが1980年代に向けてマーケティング機能をどのようにみているか，また，マーケティング組織が直面する挑戦をどのようにみているかについての研究結果[3)]を紹介することから始まっている。

それによれば，トップ・マネジメントは，自分たちの事業における中心的かつ中枢的マネジメント機能としてマーケティングを認識しているが，同時に，伝統的に行なわれてきたマーケティングのいくつかの側面に少しばかり批判的であるという。そして，批判的な点として指摘されたのが，(1)マーケティング・マネジャーにおける企業家的および革新的思考の欠如，(2)マーケティング生産性の低下，(3)マーケティング決定における財務的次元の欠如，(4)プロダクト・マネジャー・システムおよびMBA システムの沈滞，(5)マーケティング・コンセプト[4)]導入の不備[5)]，であった。

こうした指摘を踏まえ，キャディ＝バゼルは，それが企業経営におけるマーケティングの役割の再定義を意味するものであり，その再定義というのは，具体的に伝統的マーケティングから戦略的マーケティングへの進展だとした[6)]。

そして，次のような6つの視点から，伝統的なマーケティング・マネジメントと戦略的マーケティング・マネジメントを明確に区別した[7)]。

（1）　**計画単位**―伝統的なマーケティング・マネジメントの計画単位は，プロダクト・マネジャー・システムによって例証されるように個々の製品にあるが，戦略的マーケティング・マネジメントにおける計画単位は製品ラインあるいはSBUにあり，その強調は競争優位の達成である。

（2）　**市場の範囲**―伝統的なマーケティング・マネジメントにとっての市場の範囲は，所与のものとして扱われている。しかし，戦略的マーケティング・マネジメントにおいては，戦略的選択の問題として，市場の範囲（対象とする顧客機能の範囲，利用される生産技術，生産される製品）が考えられている。

（3）　**目標と成果の測定**―計画単位が製品にあることから，数量あるいは金額による販売高および市場シェアに目標と成果測定の焦点があるのが，伝統的なマーケティング・マネジメントである。これに対して，戦略的マーケティング・マネジメントは，製品ラインあるいはSBUレベルを計画単位とするので市場成果と同様に財務成果も測定される。

（4）　**競争へのアプローチ**―競争に関する伝統的なマーケティング・マネジメントの視点は，マーケティング・ミックスにある。しかし，戦略的マーケティング・マネジメントにおける競争手段は，サービシング，在庫政策，研究，製品開発および企業のその他の機能を統合した企業力であり，その場合にマーケティングは，企業の競争的諸努力を調整する中心的役割を演じることになる。

（5）　**マーケティングの役割**―したがって，企業経営における一機能としてのマーケティングから統合された事業計画の中心部分としてマーケティングが強調されることを，戦略的マーケティング・マネジメントは要求している。

（6）　**計画の時間水準**―伝統的なマーケティング・マネジメントの計画期間は，短期である。しかし，戦略的マーケティング・マネジメントは，資源配分を機能的に統合するものであり，かつ重要な手段なので，そのマーケティング決定は投資と同じような性質をもっており，計画期間は長期である。

このように，キャディ＝バゼルは，事業レベルにおけるマーケティングを戦略的マーケティング・マネジメントと呼んでおり，その事業計画の中心的役割をマーケティングが担うと理解している。すなわち，マーケティング視点からの市場範囲の戦略的選択，財務成果への関与あるいはマーケティングを中心とした競争諸力の統合，さらには，それらから必然的に生まれる計画期間の長期性といった表現は，事業を単位としながらも，あたかもマネジリアル・マーケティングの再来を思い起こさせるものがある。

3.　アサエル説

アサエル（H. Assael）によれば，基本的にマーケティング計画は，製品レベルと企業レベルの2つにおいて生じるという[8)]。つまり，戦略的マーケティング計画[9)]ともいわれる企業計画は，(1)企業成長に対する青写真の提供，(2)企業の全体的製品ミックスの開発，(3)企業の各事業単位に対する資源の配分[10)]，を内容としており，もう一方は，個々のブランドあるいは製品ラインに焦点があるとしている[11)]。そして，1970年代の初期にはじまるSBUを中心とした計画への移行をふまえて，後述のような3つのレベルでのマーケティング計画を示した。

ところで，SBUはもともとGEではじめて採用された概念であるが，アサエルは，GF（General Foods）を例にあげて説明している[12)]。1970年代の初期，業績が悪化していたGFは，その原因が新製品開発を抑制してしまう従来の製造技術にもとづく組織にあるとして，消費者ニーズに基づく組織に変更した。その結果生まれたのが，朝食用食品，飲料，メインミール，コーヒー，デザート，ペットフードという6つのSBUからなる組織であり，たとえば，コーヒーのSBUにおいては，さらにグランド・ロースト，インスタント，フリーズドライ，インターナショナル・フレーバーズという4つのPMU（Product Market Unit：製品市場単位）に分かれている。また，インターナショナル・フレーバーズを除いた他のPMUは，カフェインとデカフェインという2つの製品ラインをもち，最終的なブランドに至っている。

さて，アサエルの示した3つの計画レベルとは，企業レベル，SBU レベル，PMU レベルである。企業計画は，トップ・マネジメントの責任であり，SBU ミックスの決定とそれへの資源配分が主たる内容となる。また，SBU 計画は，各事業マネジャーの責任のもとに製品ミックスが決定され，同様に製品ラインおよびブランドに対する資源配分を決定する。PMU 計画は，広い市場（たとえば，PMU となりうる洗剤，インスタントコーヒーあるいは冷凍野菜）にあわせて製品をグループ化しており，個々の製品あるいはブランド・マネジャーが責任をもち，製品あるいはブランドに対する4P 活動がその職務となる。そして，アサエルは，企業レベルおよびSBU レベルの計画を戦略的マーケティング計画，PMU レベルのそれを単にマーケティング計画と呼んでいるのである。特に上位の2つが戦略的マーケティング計画といわれるのは，その焦点が，企業あるいはSBU の目的を扱う長期的な戦略問題にあり，また，マーケティング機会を開発するアプローチにあるからとしている[13)]。

このように，アサエルは戦略的マーケティングを企業レベルおよび SBU レベルの両方において考察されるものとしており，先ほどのキャディ＝バゼルの事業レベルだけを戦略的マーケティングとして把握する理解を進展させている。前述のように，アサエルは，企業計画と戦略的マーケティング計画を同じものと考えており，マーケティングを中心とした企業経営という点では，マネジリアル・マーケティングの考え方を企業および事業レベルで踏襲しているといえる。

したがって，戦略的マーケティングは，企業，事業，機能という戦略レベルの階層性を前提とすれば，それを事業レベルに限定するのか，あるいは企業レベルをも含めて考えるのかという2つの異なる考え方があり，そのどちらを主張するかは論者によってさまざまということになる。しかしながら，企業あるいは事業レベルのマーケティングを伝統的なマーケティング・マネジメントにかえて新たな概念のもとに体系化しようとする点では，共通している。

4.　カニンガム＝ロバートソン説

さて，これまでの考察はいわば伝統的なマーケティング・マネジメントと新しい戦略的マーケティングの比較という視点からのものであった。しかしながら，マーケティング戦略との関係においてこれらを検討することも必要である。

カニンガム＝ロバートソン（W. H. Cunningham and T. S. Robertson）は，*Journal of Marketing* 誌における「マーケティング戦略特集号」(Vol. 47, Spring, 1983）で，編集者の立場からマーケティング戦略を次のように定義している。すなわち，マーケティング・マネジメントが，製品あるいはブランド・レベルにおいて標的市場の確定，マーケティング・プログラムの立案に関係する短期的傾向を持つものであるのに対して，マーケティング戦略とは，企業あるいはSBUレベルでの長期的な競争優位の獲得に関係するもので，その焦点は消費者および競争分析にあるという[14)]。

つまり，彼らは，伝統的なマーケティング・マネジメントには，長期性および競争性という視点がないとするとともに，製品レベルではなく企業あるいはSBUレベルのマーケティングとして，マーケティング戦略を捉えているのである。そして，マーケティング戦略とSBU戦略との関係を，SBU戦略のパラダイムは，市場シェア，市場成長，標的マーケティング決定といったマーケティング変数に基づいており，SBU戦略はマーケティング戦略に強く依存しているとしている。したがって，マーケティング戦略はSBU戦略の重要な構成要素ということになるが，両者の差異は，それが財務，製品，技術，人的資源などの分析を含むかどうかにあるとしている。すなわち，マーケティング戦略はこれらの分析を含まないのである。

このように彼らは，マーケティング戦略を伝統的なマーケティング・マネジメントとの対比から，また，SBU戦略とのオーバーラップという視点から整理した。それによれば，マーケティング戦略はSBUレベルの戦略であり長期的な競争志向をもつものであるが，SBU戦略より狭いものであり，また，統合の範囲もマーケティング・ミックスにとどまると考えている。

5.　小括：戦略的マーケティングの概念に関して

以上の検討を踏まえ，戦略的マーケティングに対する考え方を明らかにするが，その前に，用語の使用について若干の検討をしておく。

これまでの説明において，便宜上，事業あるいは事業単位とSBUを同意語のように相互に使ってきたが，厳密には両者の意味するところは異なっている。すなわち，SBUというのはすでに述べたように，GEがPPMの採用にあたってはじめて導入した概念であり，いわゆる事業の集合をいうのである。したがって，事業あるいは事業単位の上位概念にあたるのがSBUである。しかしながら，事業あるいは事業単位であろうとSBUであろうと，戦略レベルの階層における位置としては，企業レベルと機能レベルの中間にあるものと考えてよい。この意味において，両者を特に区別することなく同じように扱ってきたのであり，今後も同様とする。

もうひとつは，マーケティング戦略における統合の範囲の問題である。本書では，マーケティング・コンセプトとマーケティング理念を異なるものとして理解している。すなわち，マーケティング・コンセプトの統合の範囲は，マーケティング・マネジメントの説明のところで明らかにしたように，マーケティング・ミックス，すなわち4つのPである。これに対して，マーケティング理念とは，マーケティングの視点から他の経営諸機能を統合することを意味しており，マネジリアル・マーケティングにおいていわれてきた概念である。本書では，これまで一貫してマーケティング・マネジメントとマネジリアル・マーケティングとを明確に区分してきたのであり，以下の議論にあってもマーケティング・コンセプトとマーケティング理念の区別は，極めて重要な意味を持つことになる。

以上の点を踏まえながら，戦略あるいはマネジメントのレベル，具体的な決定事項という2つの視点から戦略的マーケティングの概念を明らかにする。

(1)　戦略的マーケティングのレベル

さて，戦略レベルという視点に立てば，基本的に戦略的マーケティングとは，企業レベルおよび事業レベルで行なわれるマーケティング・マネジメントをいう。

つまり，それは，機能レベルでの伝統的なマーケティング・マネジメントが扱う製品あるいはブランドを単位としたマーケティングの上位にあるマーケティングをいうのである。ここに戦略的マーケティングの分析単位を事業レベルだけではなく企業レベルにもおくのは，マーケティングが重要な戦略的推進力（strategic driving force）である組織においては，戦略的マーケティングの影響力はSBUレベルをこえて，さらに企業レベルにまで拡大すると考えられるからである[15)]。

ところで，マーケティング戦略は，第2章で述べたように，競争性，統合性，長期性という3つの概念的特質によって説明されるものであり，これらは伝統的なマーケティング・マネジメントの理論的体系がはかられるのと同時に提示されたものであった。

しかし，これまでみてきたように，そこで提示された理論上の概念がそのまま継続的に理解されてきたわけではない。先のカニンガム＝ロバートソンが，伝統的なマーケティング・マネジメントには実践的には長期性，競争性が欠如していると指摘したのち，これら長期性および競争性を有するものとして，また，製品レベルではなくSBUレベルのマーケティングとして，マーケティング戦略を位置づけたのは，まさにそのことを示している。しかしながら，マーケティング戦略概念の構成要素はこれら2つだけではない。いわゆる統合性の問題がある。そして，この統合性の問題もマーケティング・ミックスの統合かあるいは他の経営諸機能の統合か，さらに2つに区分することが必要である。明白なことは，伝統的なマーケティング・マネジメントはマーケティング・ミックスの統合を問題としており，戦略的マーケティングは他の経営諸機能をマーケティングの視点から統合するということをその内容としている。

また，マーケティング戦略は，カニンガム＝ロバートソンがいうように，SBUレベルだけに生じるものではない。トーマス＝ガードナー（H. Thomas and D. Gardner）は，伝統的なマーケティング・マネジメントこそがマーケティング戦略と密接に関連しており，それは機能レベルの問題を扱うものであるとしている[16)]。このように，マーケティング戦略がどのレベルで生じるのかについては，さまざまな見解がある。

しかし，これらの見解を整理し新たな展望を提示するためのカギは，「マネジメントと戦略の関係」そのものにある。すでに述べたように，戦略はいわゆるマネジメントにおける計画のひとつのタイプであり，計画の中心をなすものである。つまり，マーケティング戦略はマーケティングにかかわるマネジメントから導出されるものである。したがって，マーケテイング戦略は，伝統的なマーケティング・マネジメントにおいても，また，本来なら戦略的マーケティング・マネジメントである戦略的マーケティングにおいても当然のこととして策定されると考えられる。つまり，マーケティング戦略は，企業レベル[17]，事業レベル，そして機能レベルの３つにおいて策定され実施・統制されるのである。

以上のことをマーケティング・コンセプトおよびマーケティング理念との関係において整理すれば，図表５-１のようになる。つまり，戦略的マーケティングは，基本的に企業レベルおよび事業レベルのマーケティングであり，その指導原理はマーケティングと他の経営諸機能との統合を意味するマーケティング理念である。マーケティングは他の経営諸機能との間に生じるさまざまなコンフリクトをマーケティングの視点から処理するのである。したがって，戦略的マーケティングにおいて策定されたマーケティング戦略は，マーケティング理念をまさに実践するものといえる。

一方，マーケティング・マネジメントは，製品あるいはブランドを分析単位とするマーケティングである。そして，マーケティング・ミックスの各構成要素を統合するというマーケティング・コンセプトを指導原理としており，統合の範囲もそこまでである。さらに，それぞれのマーケティング戦略における競争の焦点は，企業レベルでは統合された経営諸機能と事業ミックスにあり，事業レベルでは統合された経営諸機能と製品・市場単位ミックスにある。また，製品あるいはブランド・レベルでは，マーケティング・ミックスそのものに競争の焦点があると考えられる。そして，戦略的マーケティングは，マネジメントの期間が長期なのに対して，マーケティング・マネジメントでは短期である。しかしながら，この短期は短期志向のもとでのそれではなく，短期的に戦略的マーケティングの長期志向を支持するのである。

図表5-1　戦略的マーケティング，マーケティング・マネジメント，マーケティング戦略の関係

	分析レベル	指導原理	アウトプット	統合性	競争性	長期性
				統合の範囲	競争の焦点	マネジメントの期間
戦略的マーケティング	企業	マーケティング理念	（企業レベルの）マーケティング戦略	他の経営諸機能	・統合された経営諸機能 ・事業ミックス	長期
	事業	マーケティング理念	（事業レベルの）マーケティング戦略	他の経営諸機能	・統合された経営諸機能 ・PMUミックス	長期
マーケティング・マネジメント	製品（ブランド）	マーケティング・コンセプト	（製品レベルの）マーケティング戦略	マーケティング・ミックス	マーケティング・ミックス	長期志向のもとでの短期

出所：筆者作成。

本書では，伝統的なマーケティング・マネジメントと新しい戦略的マーケティングの相違を以上のように認識する。

（2）戦略的マーケティングの決定事項

それでは，こうした戦略的マーケティングが扱うべき決定諸事項を明らかにしよう。

いうまでもなく，戦略的マーケティングは，いわばマーケティング理念を実態化するものである。すなわち，それは，企業経営の基本的な方向づけを市場との関係によって規定しようとするものであり，そのために，マーケティングの視点から他のすべての経営諸機能を統合しようとするものである。そこで，戦略的マーケティングが処理すべき意思決定事項を伝統的なマーケティング・

マネジメントと対比する。

それによれば，企業レベルのマーケティング戦略が明らかにすることは，①どの市場に参入し生存するのか，②それぞれの事業単位にどのように経営資源を配分するか，である。すなわち，前者は，マーケティング理念に基づき，企業が対象とすべき市場および製品を明らかにすることであり，それは企業使命，目的，目標を明示することを意味している。また，後者は，そうして明らかになった事業構成のもとでそれぞれの事業単位にどのように経営資源を配分するかをマーケティングの視点から明示することである。

同様に，事業レベルのマーケティング戦略では，①当該事業をどのように構築するか，②それぞれの製品・市場単位にどのように経営資源を配分するか，が明らかにされる。そして，前者は，産業，消費者，競争企業，市場セグメント，経営資源といった視点から，どのように競争するかを事業を単位として明らかにすることを意味している。したがって，事業レベルでの使命，目的，目標がここで明らかにされる必要がある。また，後者は，当該事業を構成するそれぞれの製品・市場単位にどのように経営資源を配分するかをマーケティングの視点から明らかにすることである。以上が，戦略的マーケティングがそれぞれのレベルで決定すべき諸事項であり，それはそれぞれのレベルでのマーケティング戦略の導出を必要としている。

これに対して，伝統的なマーケティング・マネジメントでは，個々の製品あるいはブランドを単位としたマーケティング戦略を明らかにするものであり，①当該製品・市場単位においてどのようにマーケティング・ミックスを構築するか，②マーケティング・ミックスのそれぞれの構成要素にどのように経営資源を配分するか，の決定が行なわれる。すなわち，前者では，製品戦略を中核としながら，支持戦略としての価格，経路，プロモーションのそれぞれの戦略をどのように組み合わせるかが検討されるのであり，また，後者としては，そのもとで，これら４つのＰにどのように経営資源を配分するかをマーケティングの視点から決定するのである。

このように，戦略的マーケティングと伝統的なマーケティング・マネジメントでは，決定すべき事項が明確に異なっており，両者の区別は極めて容易である。しかしながら，両者は互いに依存的であり，影響し合うのも事実である。

●第３節●　戦略的マーケティングのプロセス

1.　戦略的マーケティング・プロセス(1)

以上みてきたように，1980年代において戦略的マーケティングが活発に論じられたが，ミドル・マネジメントとしてのマーケティングを扱うコトラーは，当時，トップ・マネジメントのマーケティングである戦略的マーケティングの議論に加わっていない。それは，これまでの彼の立場によるものであり，あくまで伝統的なマーケティング・マネジメントの視点から，戦略的経営論に関与するという議論を展開した。すなわち，彼は戦略的経営プロセスを支援あるいは補完するものとして，マーケティング・マネジメント・プロセスを位置づけたのである。そこで，戦略的経営論の支援あるいは補完という戦略的マーケティングの体系化のひとつの方向を，当時のコトラーの見解をもとにみることにする。

（1）　戦略的経営プロセスに対するコトラーの見解

コトラーは，本書における理解と同じように，今日の多くの企業の組織構造が企業レベル，事業レベル，製品レベルの３つからなっていると考えている。そして，戦略的経営のプロセスを戦略的な計画，実施，統制からなるとしている。

さて，ここで留意すべきは，コトラーがマーケティング計画は最終的な製品レベルにおいて策定されるものと考えていることである。すなわち，企業レベルでは，各事業単位への資源配分に責任をもち，事業レベルではそのもとで有効な資源利用がなされ，最終的に製品レベルにおいてその製品市場における目的を達成するためのマーケティング計画が開発されるとしている[18)]。そして，コトラーは，企業レベルの計画策定と事業レベルの計画策定とを区分した上で，次のように両者を説明している。

⑴ **企業レベルの計画策定**―企業レベルの計画策定プロセスは，①企業使命の定義，②戦略的事業単位の識別，③現在の事業ポートフォリオの分析と評価，④参入すべき新しい事業領域の識別，からなるという[19)]。その内容を示せば，企業使命の定義ではその形成要因が明らかにされ，戦略的事業単位の識別では事業定義の方法が述べられている。そして，ポートフォリオ分析と評価ではそのための手法としていわゆるPPMが検討されており，新しい事業領域の識別では成長戦略の類型について詳述されている。

⑵ **事業レベルの計画策定**―また，事業レベルについては，①事業使命の定義，②外的環境の分析，③内的環境の分析，④事業目的と目標の選択，⑤事業戦略の開発，⑥プログラム計画の作成，⑦プログラム計画の実施，⑧フィードバックと統制，からなるという[20)]。そして，事業使命の定義では市場セグメント範囲（標的顧客グループとニーズ），産業範囲，テクノロジー範囲，垂直的統合範囲，地理的範囲を明らかにすべきことが示されており，また，外的環境の分析と内的環境の分析については，それが，いわゆる機会と脅威の分析であることが述べられている。続いて，事業目的と目標の選択では，事業単位の目的が階層性，数量性，実現性，一貫性といった視点から明らかにされるべきことが指摘されている。事業戦略の開発では，どういうわけか，ポーター(M. E. Porter)[21)]の戦略類型，すなわち，コスト・リーダーシップ戦略，差別化戦略，焦点戦略にそって説明されている。プログラム計画の作成では，開発された戦略を支援するための詳細なプログラム作成について述べられている。プログラム計画の実施とフィードバックと統制では，コンサルタント会社であるマッキンゼーの7-Sフレームワーク[22)]が紹介され，戦略は成功のための7つの要素のひとつに過ぎず，その実施・統制のためには，その他の要素が重要であることが指摘されている。

以上，コトラーの考える戦略的経営プロセスを極めて概括的にみてきた。それでは，こうした戦略的経営プロセスを所与として，コトラーは，マーケティング・プロセスをそれにどのように関連づけたのか。

(2)　コトラーのマーケティング・プロセス

コトラーは，マーケティング部門と事業単位あるいは戦略的計画部門の相互関係を次のように説明した。[23)]

つまり，①マーケティング部門は，情報と勧告を戦略的計画部門に対して行なう，②戦略的計画部門は，それをもとに分析と評価を行なう，③そして，戦略的計画部門は，それぞれの事業単位ごとの目標を定める，④マーケティング部門は，それら目標に基づいてマーケティング計画を策定する，⑤そして，執行する，⑥最後に，戦略的計画部門はその結果を評価する，というのである。それ故に，各事業単位は，市場機会を探知したりあるいは事業目的の達成のためにマーケティングへの依存を高めることになり，事業計画の第１ステップがマーケティング・ステップとなる。[24)]

したがって，コトラーによれば，「マーケティング・マネジメント・プロセスはマーケティング機会の分析，標的市場の探索と選択，マーケティング戦略のデザイン，マーケティング・プログラムの計画化，マーケティング努力の組織化，実施，統制から成立する」[25)]ことになる。そして，具体的なマーケティング・プロセスは，①マーケティング機会の分析，②標的市場の探索と選択，③マーケティング戦略のデザイン，④マーケティング・プログラムの計画化，⑤マーケティング努力の組織化，実施，統制，からなるとした。

これを先ほどのマーケティング部門と事業単位あるいは戦略的計画部門の相互関係におけるマーケティング部門の活動にあてはめれば，マーケティング機会の分析と標的市場の探索と選択のプロセスでえられた情報が「マーケティング部門からのインプット」として戦略的計画部門に提供され，「マーケティング計画」としては，マーケティング戦略のデザインとマーケティング・プログラムの計画化が行なわれ，マーケティング努力の組織化，実施，統制は「マーケティング執行」として行なわれることになる。

(3)　戦略的経営に対するマーケティングの役割

したがって，コトラーによれば戦略的経営におけるマーケティングの果たす役割は，第１にそれが経営理念の指針となること，第２に市場機会の識別という視点から企業の能力を評価すること，第３に事業単位レベルにおいて事業目的達成のための戦略をデザインすること，にあり，一方，戦略的経営は，市場シェア，市場開発といったマーケティング変数を扱うことから，多くの企業で戦略的経営は，戦略的マーケティングと呼ばれているという[26)]。すなわち，コトラーは，戦略的経営と戦略的マーケティングの重合性を認めているものの，あくまで戦略的経営に対する支援的・補完的存在としてマーケティングを位置づけており，戦略的マーケティングそれ自体に深く言及したわけではない。

何れにせよ，戦略的経営への貢献という視点からマーケティングを位置づけ，そのもとで体系化をはかろうとするのもマーケティング研究のひとつの方向かも知れない。

2.　戦略的マーケティング・プロセス（2）

これに対して，新たに戦略的マーケティング体系を構築しようとする方向がある。すなわち，本章第2節で取り上げた戦略的マーケティング論者らの考え方がそれである。ここでは，戦略的マーケティング・プロセスをより明示的に示しているアサエルの所説を中心にこれを検討する。さて，アサエルによれば，企業レベルの戦略は全体的な成長に焦点があり，事業レベルでは事業ミックスに焦点があるものの，両レベルの戦略的マーケティング・プロセスは類似しているという[27)]（図表5－2参照）。

（1）　企業レベルの戦略的マーケティング・プロセス

ここで，企業レベルの戦略的マーケティング・プロセスを示せば，①企業目的の決定[28)]，②経営諸活動の統合，③代替的マーケティング機会の識別，④予備的な利益見積書の作成，⑤企業戦略の開発，⑥予算化と資源配分，⑦評価と統制，となる[29)]。すなわち，アサエルは，企業経営の中枢機能としてマーケティングを位置づけている。それは，マーケティングからの関与として「企業目的の決定」から始まり「評価と統制」にいたる全プロセスにマーケティングを深く関与させていることから理解できる。このように，アサエルは戦略的マーケティングをベースとした独自のマネジメント体系を考えており，そこに戦略的

図表5-2　企業レベルの戦略的マーケティング計画[a]

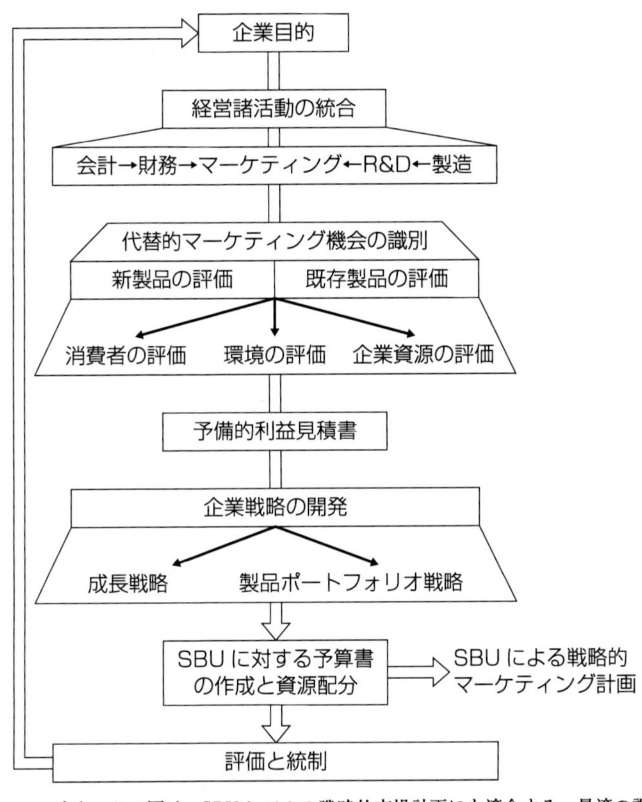

a　また，この図は，SBUレベルの戦略的市場計画にも適合する。最適の調整は，(1)企業目的がSBU目的になる，(2)企業戦略がSBU戦略になる，(3)予算化と配分が個々の製品レベルで製品ラインになされる，(4)図の下部の矢印は，SBUレベルといより，むしろ製品レベルのマーケティング計画へ向かう，にある。

出典：H. Assael, *Marketing Management: Strategy and Action*, Kent, 1985. p. 571.

経営の支援・補完としてのマーケティングという発想はない。

(2)　SBUレベルの戦略的マーケティング・プロセス

また，アサエルは，SBUレベルにおける戦略的マーケティング・プロセスを明らかにしているが，すでに述べたように，それは，基本的に企業レベルの戦略的マーケティング・プロセスと同じように考えてよい。すなわち，①SBU 目的の決定，②経営諸活動の統合，③代替的マーケティング機会の識別，④予備的な利益見積書の作成，⑤SBU 戦略の開発，⑥予算化と資源配分，⑦評価と統制，からなると考えられる。

このうち，予算化と資源配分は，下位の PMU レベルのマーケティングに対してなされる。つまり，この SBU レベルの戦略的マーケティング・プロセスは，上位の企業レベルの戦略的マーケティング・プロセスにおける予算化と資源配分を受けて始動するのである。すなわち，この SBU レベルの戦略的マーケティングは，企業レベルの戦略的マーケティングに規定されるのである。同様に，この SBU レベルの戦略的マーケティングは，PMU レベルのマーケティングを導くのである。具体的には，PMU レベルで行なわれる4つのPに基づく伝統的なマーケティングの指針となる。

そして，いうまでもなく，戦略的マーケティングのアウトプットとして導出されるのは，成長戦略と製品ポートフォリオ戦略であり，企業レベルにおいては企業成長戦略と SBU ポートフォリオが，また，SBU レベルでは SBU 成長戦略と PMU ポートフォリオがアウトプットされるのである。

3.　戦略的マーケティングの課題と展望
―アサエルを中心として―

以上みてきたように，戦略的マーケティングの成立には経営環境の変化という大きな時代背景があった。そして，そこで求められたのがマーケティングの市場創造機能であり，また，その十分な発揮のためには，アサエルが示したようにマーケティングによる他の経営諸機能の統合が必要なのである。すなわち，それは，マーケティング理念に基づくマーケティングを中心とした企業経営を意味した。そこで以下，アサエルを中心にして，これまでの戦略的マーケティング論議をまとめるとともに，その課題を明らかにし，さらに，今後を展望する。

(1)　戦略的マーケティングに対するスタンス

さて，戦略的マーケティング研究の方向には2つあった。ひとつは，戦略的経営を支援・補完するという立場からマーケティングを位置づけようとするものであり，いまひとつは，戦略的経営への貢献というより，むしろそれとは別に新たに戦略的マーケティング体系の構築を目指そうとするものである。そして，前者の考え方についてはコトラーをもとに明らかにし，後者の考え方の代表的な例としてアサエルを取り上げ検討した。

すなわち，アサエルは，独自の戦略的マーケティング体系の構築を意図し，そのプロセスおよびアウトプットを明確に提示している。つまり，彼は企業経営の中心にマーケティングをおき，マーケティング視点から企業経営全体を統合するという体系を示している。そのために，企業目的の決定にはじまり評価・統制にいたる，全マネジメント・プロセスを戦略的マーケティング・プロセスとして考えている。

この点は，戦略的経営プロセスを所与としそれへの貢献としてのマーケティング・プロセスを明らかにしているコトラーと対照的である。ちなみに，こうしたコトラーの姿勢は今日まで続いている[30)]。

(2)　戦略的マーケティングと市場創造

さて，第4章では，戦略的マーケティングが台頭する背景について述べた。すなわち，そこでは企業経営におけるマーケティングの役割が1960年代の黄金の時代，1970年代の試練の時代をへて1980年代の新たな展開の時代に至り，極めて重要視されることになったことが示された。

しかし，この1980年代の新たな展開の時代において企業経営がマーケティングに要求したのは，低成長経済のもとで高まる競争圧力に対抗すべく新しい事業機会そのものの探索機能である。それは，既存製品，既存市場を中心とした現在の地位の強化ではなく，新たな事業機会そのものを確保することによる持続的競争優位の構築を意味した。

そして，いまひとつがこうした既存環境のもとではなく，急速な技術革新の進展，規制緩和の促進，生産性への圧力の増大，消費者ニーズにおける品質の強調といった新たな環境のもとでのまったくの新規事業機会の探索機能であった。換言すれば，戦略的マーケティングに要求されたのは，こうした意味における市場創造機能であった。したがって，この市場創造機能が，これまでみてきた戦略的マーケティングのフレームワークにどのように組み込まれているかを検討する必要がある。

さて，前述のように，アサエルは戦略的マーケティングのアウトプットとして成長戦略と製品ポートフォリオ戦略をあげたが，後者は，1970年代の戦略的計画論のもとで隆盛したものであり，いわゆる既存環境のもとで既存製品（事業），既存市場をいかに操作するかの論理を提供するものであった。要するに，そこには新製品あるいは新事業の創造そのものを思考するための視座はない。これに対して，成長戦略は，製品―市場マトリクスにみられるように既存の製品および市場の組み合わせも考えるが，新規の製品，市場の組み合わせから少なくとも新しい企業成長の方向性を示すことができる。

したがって，アサエルの戦略的マーケティングの体系は，この点からすれば，1970年代の戦略的計画論を乗り越え，1980年代に企業経営の上から要求されたマーケティング機能を取り込んだものとなっている。しかし，その実態は単なるアンゾフの援用にとどまっており，マーケティング的な知見はそこには示されていない。

何れにせよ，戦略的マーケティングに求められたのは，あくまで市場創造機能であり，決して，競争対応のマーケティングではないことに留意したい。この時期，ポーターによって競争戦略論が示されたが，それは，いわゆる事業レベルの戦略論を議論の対象としているに過ぎないのであり，このことと混同してはならない。また，すでにみたように，戦略論が焦点においているのは，確かに競争対応であり，この点についていえば，マーケティング戦略についても同様である。しかし，戦略的マーケティングが強調するのは，「戦略的」という部分であり，その本意は，競争対応にあるのではなく，マーケティングの分析レベルを製品・ブランドレベルから事業，さらには企業レベルに上げるということであり，トップ・マネジメントのマーケティングにある。その意味に限るなら，むしろ，アンゾフがいうトップ・マネジメントが担う戦略的意思決定に基づくマーケティングを指している。

（3）戦略的マーケティングと統合

戦略的マーケティングを考える際に重要な論点の第2が統合という問題である。先に戦略的マーケティングは，市場創造機能の十分な発揮のためにマーケティングによる経営諸機能の統合が不可欠であると述べた。一方，戦略的マーケティングは企業と事業の各レベルからなるが，そうであれば，両者の戦略レベルの統合という問題も内在している。さらに，マネジメント・プロセスの統合も戦略的マーケティングが示そうとしたもののひとつである。そこで以下，順にこれらをみていく。

まず，マーケティングによる経営諸機能の統合である。この問題は，マネジリアル・マーケティングにみられるように，理論的にはこれまでのマーケティングにおける重要な論点のひとつであった。たとえば，アサエルは，マーケティングと他の経営諸機能のそれぞれとの相互作用について，次のように述べている[31]。

すなわち，マーケティング・リサーチは，新製品開発のためのアイディアをR&Dに提供し，R&Dは，製品の特性，ベネフィット，問題点に関するデータをマーケティングに提供する。この意味においてマーケティングとR&Dは，相互作用関係にある。また，マーケティングと製造の相互作用関係についてはどうか。製造設備の規模は，新製品，既存製品の販売高予測をもとに決定されなければならないし，逆にある製品の販売高がもたらす影響も製造スケジュールの調整のために予測されなければならない。さらに，マーケティング活動の遂行には，財務とのかかわりがある。たとえば，マーケティング成果目標の決定にあたっては，財務諸表や予算書が必要であり，新製品や既存製品に関する新たなマーケティング投資をする際，その原資を求めるにあたって財務市場の評価が必要である。また，代替的投資機会の評価にあたってはコスト計算が必要だし，既存製品のさまざまなマーケティング活動にも経営資源の配分がなされなければならない。ここに，マーケティングと会計の相互作用をみることができる。

このようにマーケティングは，他の経営諸機能と深く関連している。そして，マーケティング論は，マーケティング視点からの他の経営諸機能の統合をこれまで理念的に主張してきた。そのことからすれば，アサエルのこうした相互作用性の指摘は，極めて重要な意味をもつことになる。なぜなら，戦略的マーケティングはマーケティングの視点から，他の経営諸機能を統合するということを内容としているからである。しかし，アサエルの場合，それはあくまでマーケティングと他の経営諸機能の相互作用の指摘が中心であって，マーケティング視点からの他の経営諸機能の統合の具体的方法を明らかにしたものではない。この後者の問題をどう処理するかが，戦略的マーケティング論に与えられた大きな課題といえる。

次は，戦略レベルの統合である。繰り返しになるが，戦略的マーケティングが主張するのは，伝統的マーケティング・マネジメントが扱った製品・ブランドレベルのマーケティングではなく，上位の企業，事業レベルのマーケティングである。そして，そうであれば，戦略的マーケティング内において両者は統合されなくてはならない。すなわち，企業レベルの戦略的マーケティングと事業レベルの戦略的マーケティングの統合である。もちろん，こうした議論は，伝統的なマーケティング・マネジメントが単一事業企業を，そして，戦略的マーケティングが複数事業企業を念頭においていることも理解しておきたい。さらに，先にあげた他の経営諸機能の統合は，基本的には事業レベルに焦点をおきながらも，事業および企業の両レベルでで関知するものであることに留意しておきたい。

最後は，マネジメント・プロセスの統合という問題である。第3章では，戦略的計画論にはマネジメント・プロセスの非完結性という問題があったことを指摘した。そして，それに続く，戦略的経営論の登場はまさにそのことを克服しようとするものであったが，それと同じように，戦略的マーケティングには，それまでの計画中心のマーケティング論からの脱却という課題が与えられていた。すなわち，プロセスの統合である。いうまでもなく，マネジメントは，計画—実施—統制というプロセスを経るのであり，いわばサイクル活動そのものなのである。したがって，それらすべてが重要なのであり，何れが欠けてもマネジメントは成立しない。そうした意味において，このマネジメント・プロセスを組み込み，それを十分に反映させた戦略的マーケティングが求められたのである。この点に関していうなら，アサエルは，自身の戦略的マーケティング・プロセスをマネジメント・プロセスのもとに描いている。具体的には，計画段階において，目的の決定，経営諸活動の統合，マーケティング機会の識別，利益見積書の作成，戦略の開発，実施段階で予算化と資源配分，をあげ，最終的に評価と統制の段階に繋いでいる。

（4）小括―組織への接近

これまでの議論からすれば，マーケティング中心の企業経営を意図する戦略的マーケティング体系における重要な概念は，市場創造機能，経営諸機能の統合，戦略レベルの統合，マネジメント・プロセスの統合，にあると指摘できる。そして，その解決にはマーケティングによる組織への接近が強く求められている。というのも，マーケティング中心の企業経営の構築には，マーケティング・マインドが組織に行き渡ることが不可欠だからである。また，市場創造機能の発揮は，マーケティングの本質そのものであり，それを担保するには，マーケティングによる経営諸機能の統合が前提となり，それは，戦略レベルの統合という問題とも繋がっている。さらに，マネジメント・プロセスの統合にともなう実施・統制への関心の拡大は，組織の文化や風土といった問題と深く関連しているからである。

そして，もし，マーケティング研究者がこれら課題に応えていないとすれば，それは，マーケティングによる組織へ接近という新たな研究の方向性に耐えうる方法論あるいは新しいマーケティング体系そのもの提示されていないことがその原因である。

注

1）Y. Wind and T. S. Robertson, "Marketing Strategy : New Directions for Theory and Research," *Journal of Marketing*, Vol. 47, Spring, 1983, pp. 13-16.

2）R. F. Vancil and P. Lorange, "Strategic Planning in Diversified Companies," *Harvard Business Review*, Vol. 53, January-February, 1975, pp. 82-83.

3）F. E. Webster, Jr., "Top Management's Concerns about Marketing : Issues for the 1980's," *Journal of Marketing*, Vol. 45, Summer, 1981.

4）ウェブスター（F. E. Webster, Jr.）は，マーケティング・コンセプトを経営諸機能の統合と考えている。

5）Webster, *op. cit.*, pp. 12-14.

6）J. F. Cady and R. D. Buzzell, *Strategic Marketing*, Little, Brown & Company, 1986, p. 8.

7）　*Ibid.*, pp. 8-10.

8）　H. Assael, *Marketing Management*：*Strategy and Action*, Kent, 1985, p. 15.

9）　アサエルは，計画（planning）としながらも実施・統制を含んで考えており，本書でいうマネジメントと同じ意味に用いている。

10）　Assael, *op. cit.*, p. 92.

11）　*Ibid.*, p. 93. なお，アサエルは，製品レベルのマーケティング，つまり，マーケティング・マネジメントは，製品の開発，標的セグメントの確定，広告，流通，価格戦略の策定を扱うのもとしている（*ibid.*, p. 91）。

12）　*Ibid.*, p. 94.

13）　*Ibid.*, p. 95.

14）　W. H. Cunningham and T. S. Robertson, "From the Editor," *Journal of Marketing*, Vol. 47, Spring, 1983, p. 5.

15）　H. Thomas and D. Gardner eds., *Strategic Marketing and Management*, John Wiley & Sons, 1985, p. 6.

16）　*Ibid.*, p. 6.

17）　こうした企業レベルのマーケティング戦略を表現するものとして，レイザー＝カリー（W. Lazer and J. D. Culley）は，企業マーケティング戦略（corporate marketing strategies）という語を用いている。W. Lazer and J. D. Culley, *Marketing Management*：*Foundations and Practices*, Houghton Mifflin, 1983, p. 132.

18）　P. Kotler, *Marketing Management*：*Analysis, Planning, Implementation, and Control*, 6th ed., Prentice-Hall, 1988, p. 35.

19）　*Ibid.*, pp. 36-49.

20）　*Ibid.*, pp. 49-62.

21）　M. E. Porter, *Competitive Strategy*, The Free Press, 1980. 土岐　坤・中辻萬治・服部昭夫訳『競争の戦略』ダイヤモンド社，1982年。

22）　たとえば，以下を参照のこと。R. H. Waterman, Jr., T. J. Peters and J. R. Phillips, "Structure Is Not Organization," *Business Horizons*, June, 1980.

23）　Kotler, *op. cit.*, p. 66.

24）　*Ibid.*

25）　*Ibid.*

26）　P. Kotler and G. Armstrong, *Marketing*：*An Introduction*, Prentice-Hall, 1987, p. 38.

27）　H. Assael, *op. cit.*, p. 565.

28）　*Ibid.*, p. 19.

29）　*Ibid.*, pp. 570-576.

30）　すなわち，コトラーは，単にミドル・マネジメントとしてのマーケティング・マネジメントを論じてきただけなのであり，多くのマーケティング研究者は，このことを明確に認識する必要がある。

31）　H. Assael, *op. cit.*, pp. 570-572.

第2部

コーポレート・マーケティングの枠組みと新たな展開

第2部の狙い

第1部では，マーケティング・マネジメントの成立と展開から，どのような経済的背景をもとに新たに戦略的マーケティングが台頭したかを明らかにするとともに，後者については，その概念，体系，プロセス，アウトプットについて詳述した。しかし，円滑なマーケティングの遂行には，企業・事業レベルの戦略的マーケティングと製品・ブランドレベルのマーケティング・マネジメントが有機的かつ統一的に把握される必要がある。そこで第2部では，マーケティング中心の企業経営たる戦略的マーケティングの考察から得られた鍵概念である，市場創造機能および統合という視点から，マーケティング・マネジメントおよび戦略的マーケティングを再考することで，両者を包括するマーケティング体系として，新たにコーポレート・マーケティングという考え方を提示する。

第6章
コーポレート・マーケティングと市場創造，統合

第１部で明らかになったように，マーケティング中心の企業経営は，その概念的基盤を市場創造と統合においている。そこで本章では，マーケティングが市場創造と統合にどのように関わっているかを，今一度，これまでのマーケティング論議を振り返りながら明らかにし，本書が考えるコーポレート・マーケティングの全体的な枠組みを提示する。

第１節　マーケティングと市場創造

すでに述べたように，ハワードによれば，マーケティング・マネジメントの本質は，統制可能なマーケティング諸手段を用いた統制不可能なマーケティング環境への創造的適応にある。すなわち，ミドルによる創造的適応がマーケティング・マネジメントのなすべきことである。このうちマネジメント・レベルについては，すでに前章までにおいて議論しており，ここでは，創造的適応の意味について考える。端的にいえば，創造的適応とは，単なる適応ではなく創造的な適応を意味するものであり，ここでは２つの視点からこの問題を考える。ひとつは「適応」ということであり，いまひとつは，マーケティング努力の対象たる消費者の集合体としての「市場」である。

さて，適応は，その行為主体のスタンスによって受動的適応と能動的適応に区分される。このことからすれば，創造的適応は，積極的に市場にアプローチするという意味で能動的適応によって可能となる。したがって，単なる適応という場合は，まさに受動的適応ということになる。一方，これまでマーケティングは，伝統的に市場を顕在市場と潜在市場に区分してきた。いうまでもな

く，顕在市場は市場が顕在化した状態をいい，また，潜在市場はいまだ顕在化していない市場をいう。したがって，この区分に従えば，顕在市場には，先の受動的適応，すなわち，単なる適応が，また，潜在市場には能動的適応，すなわち，創造的適応が充当するものと考えられる。

以上のことを踏まえるなら，創造的適応というのは，顕在市場への単なる適応である受動的適応ではなく，潜在市場への積極的なアプローチを意味する能動的適応に重点がおかれていると判断できる。すなわち，マーケティングの本質はまさにこうした意味における市場創造にこそある。言い換えれば，新たな市場創造による適応を創造的適応の本意と解釈できる。さて，この創造的適応というマーケティングを「いつ，どこで，だれが，なにを，なぜ，どうやって」行なうかを明確する必要があるが，これまでのマーケティングでは，「どうやって」については積極的に関わってきた。しかし，もし，その実効性が薄いとするなら，それは，「いつ，どこで，だれが，なにを，なぜ」に対する認識が曖昧だったからである。つまり，「どうやって」の解も実は「いつ，どこで，だれが，なにを，なぜ」が明確にされない以上，空理空論になりかねないのである。本書の第1部で特に指摘したのは，「だれが」，すなわち，マーケティング遂行者のレベル，具体的には，ミドルかトップあるいはロワーかを明確にせよという点にあったが，それだけでは不十分であり，さらに，「いつ，どこで，なにを，なぜ」に対する認識を持つべきなのである。この第2部では，以上の諸点が明確にされていく。

ところで，これらについて明らかにするには，マーケティングと組織の関係に触れざるを得ないのであり，このことからも，すでに第1部で指摘した，マーケティングによる組織への接近が今日強く求められているといえる。

●第2節●　マーケティングにおける統合問題の所在

さて，もともと，マーケティングにとって統合は重要な構成概念のひとつである。ハワードにみられるように初期マーケティング・マネジメント論者の多くは，すでに統合ということを述べてきたし，マーケティング・コンセプトを説明したスタントンも，それは，すべてのマーケティング活動の統合であるとしている。そして，マーケティング・マネジメントと戦略的マーケティングの補完関係が明らかになり，そこに新たな統合問題が浮上した以上，マーケティングにおける統合問題の所在をあらためて明らかにする必要がある。

そして，伝統的マーケティング・マネジメントを含む第1部での議論を踏まえれば，マーケティングにおける統合問題は，少なくとも以下のような諸点に見いだすことができる。

1.　4Pの統合

マーケティングにおける統合問題として，まず最初に検討すべきは，4Pあるいはマーケティング・ミックスである。マーケティング・ミックス概念は，ボーデン（N. H. Borden）によって発案されたものであり，1953年，自らによるアメリカ・マーケティング協会（AMA）の会長講演のなかで，はじめてマーケティング・ミックス概念が提唱された[1)]。すなわち，彼は，統制可能なマーケティング諸手段をいくつかあげ，その組み合わせの重要性を指摘したのである。そして，1958年には，オクセンフェルトが，市場戦略（market strategy）は2つの部分からなるとして，①市場標的の確定，②マーケティング・ミックスの構成，をあげ[2)]，マーケティング・ミックス概念は，さらに広く認知されることになった。

一方，マーケティング諸手段は，1960年，マッカーシーによってより洗練されることになり，いわゆるproduct，price，promotion，placeからなる4Pとして定着するようになった[3)]。また，1961年，レイザー＝ケリーは，マーケティング・ミックス概念の小売業への適応を試み，商品およびサービス，物的流通，コミュニケーションからなる小売ミックス概念を提示した[4)]。なお，先のボーデン自身は，1964年にThe Concept of Marketing Mixなる論文を*Journal of Advertising Research*誌に発表し，メーカーのマーケティング・ミックスの要素として，製品計画，価格設定，ブランド設定，流通チャネル，人的販売，広告，プロモーション，包装，ディスプレイ，サービス，物的処理，事実の発見と分析の合計12をあげた。すなわち，ボーデンに始まったマーケティング・ミックス概念は，マッカーシーによって洗練された4P概念と同意語としてともに一般化されていったのである。

要するに，これらの主張は，「標的市場に適合する最適なマーケティング・ミックス，すなわち4Pを構築せよ」ということであり，それは同時に「マーケティング・ミックス，すなわち4Pを統合せよ」ということを意味している。

さて，この4P論あるいはマーケティング・ミックス論のいう最適ミックスの構築あるいは統合は，概念的には非常にわかりやすい指摘であるが，実際には4Pの組み合わせは無限に存在するのであり，これを実践的に意味あるものとするには，かなりの困難を伴うことになる。事実，マッカーシー以来，最適な組み合わせをいかに構築するか，あるいはいかに統合するかという研究はあまり行なわれてきてない。これまでの研究者の関心は，4Pは単純化しすぎているとか，あるいは4Pでは少なすぎる[5)]といった問題であった。

2.　経営諸機能の統合

4Pの統合はマーケティング部門内の問題であるが，マーケティング部門外の問題として，経営諸機能の統合という問題がある。それは，いわゆるマネジリアル・マーケティングにおける問題である。

すでに述べたように，ケリー＝レイザー(E. J. Kelley and W. Lazer) は，自らが編集した論集の前書きで，マーケティング研究におけるマネジリアル・アプローチは，3つの特徴があるとし，①問題解決および意思決定の強調，②マネジリアル的焦点，③学際的アプローチ，をあげ，マーケティングに中心をおいた経営は，トップ・マネジメントによって必然的に採用される[6)]，とマネジリアル・マーケティングを説明した。すなわち，マーケティングを中心においた経営は，マーケティングによる他の経営諸機能への統合的関与を必要とするのであり，それは，マネジリアル・マーケティングそのものを意味している。すなわち，まさにそれは経営者的なのである。しかし，このマーケティングによる他の経営諸機能の統合も，上述した4Pの統合的把握と同様に，概念的には明快であったにもかかわらず，その後，理論的にも実践的にもあまり進展はみられない。そもそも，マーケティング諸活動（4P）の統合理論さえ提示できていないのであり，マーケティングによる他の経営諸活動の統合というのは，研究の関心あるいは問題意識さえ希薄だったと思われる。さらにいうなら，研究のうえで，これまで4Pの統合問題と経営諸活動の統合問題の区分をどれだけしてきたか，そのこと自体，実は大きな疑問なのである。

しかし，両者の区分は当初は明確だった。たとえば，荒川祐吉は，1966年に「マーケティングの理論が単にマーケティング諸手段の統合的管理の理論を追究するマーケティング・マネジメント論から，全企業経営の統合原理としてのマネジリアル・マーケティング理論へとその体系を拡大することを強く要請せられたことに対応して……」[7)]として，マーケティング・マネジメントとマネジリアル・マーケティングを明確に区別している。また，コトラーも，1967年に，マーケティング権限が及ぶ範囲という視点から，マーケティングの形態には，①伝統的マーケティング領域のみに及ぶもの，②他の経営諸機能部門のうち，顧客と関係の深い部門にまで及ぶもの，③他の経営諸機能部門の全部に及ぶもの，の3つがあるとしている[8)]。ここで，マーケティング・マネジメントは，コトラーによる区分の①にあたり，マネジリアル・マーケティングは③にあたる。なお，②について，コトラーは，研究開発，物流，購買，信用取引，PR（Public Relations）を顧客と関係の深い部門としている。

このように，部門管理，すなわち，ミドル・マネジメントとしてのマーケティング・マネジメントと，全体管理，すなわち，トップ・マネジメントとしてのマネジリアル・マーケティングとは明らかに異なるものである。そして，部門管理としてのマーケティング・マネジメントにあっては，周知のように，マーケティング・マネジャーにとっての統制可能な要因と統制不可能な要因が区別されている。すなわち，4Pからなるマーケティング諸手段は統制可能要因にあたり，最適なマーケティング・ミックスの構築が最大の課題となっている。一方，統制不可能要因はマーケティング環境といわれ，これには，内的マーケティング環境と外的マーケティング環境の2つがある。

さて，ここで留意したいのは内的マーケティング環境である。それには他部門の状況をはじめ，経営内におけるマーケティング部門外の諸要因があげられており，それらは，部門管理，すなわち，ミドル・マネジメントとしてのマーケティング・マネジメントにとっては，所与のものとして扱われている。そして，このことは逆に，全体管理，すなわちトップ・マネジメントとしてのマネジリアル・マーケティングにおいて，はじめて，それらが統制の対象となるものであることを意味している。つまり，マーケティング・マネジメントとマネジリアル・マーケティングは統制の対象そのものが明確に異なっているのである。こうした相違があるにもかかわらず，これまで両者の区分は曖昧なままだったと思われる。そして，いまだマーケティングは，マネジリアル・マーケティングがいう他の経営諸機能の統合さえ行なっていない。

そして，ここで繰り返して強調しておきたいのは，第1にマーケティング・マネジメントのように部門管理としてのみマーケティングを扱うことは，経営の一機能としてマーケティングを封じ込めることに繋がるということである。これに対して，第2にマネジリアル・マーケティングは，マーケティングの視点から他の経営諸機能に統合的に関与するものであり，それは，マーケティングが経営を包含するものだということである。

3.　戦略レベルの統合

これまで述べてきたのは，マーケティング・マネジメントとマネジリアル・マーケティングといういわばマーケティングにおける伝統的な議論における統合問題の所在であるが，さらに，そこには戦略レベルの統合という問題が存在する。すなわち，マネジリアル・マーケティングは企業レベルの戦略，マーケティング・マネジメントは機能レベルの戦略を扱うのである。しかし，これまでのマーケティング研究では，両者を明確に区分することはなかった。そして，戦略的マーケティングが新たに登場したことによって，この問題の重要性が一気に浮上することになったが，それは，マーケティング主体たる企業の多角化にともなうものである[9)]。

端的にいえば，マーケティング・マネジメントとマネジリアル・マーケティングが想定してきたのは，いわゆる単一事業企業であったのに対して，戦略的マーケティングは，複数事業企業，すなわち，多角化企業経営を想定している。単一事業経営のもとでは，企業戦略と事業戦略が一体化しており，そのもとに機能戦略が存在する。そして，マネジリアル・マーケティングが企業（＝事業）レベルの戦略，マーケティング・マネジメントが機能レベルの戦略を担ったのである。これに対して，複数事業企業の戦略構造は，企業，事業，機能からなっており，戦略的マーケティングは，このうち企業，事業の２つの戦略レベルを遂行し，機能戦略については，マーケティング・マネジメントに委ねているのである。マーケティング・マネジメントと戦略的マーケティングが補完関係にあるというのは，まさにこのことを意味している。

4．マーケティング・プロセスの統合―実施・統制の実体化

マーケティングがプロセス・スクールのマネジメント概念を取り込んでマーケティング・マネジメント体系を構築したのはいうまでもない。すなわち，ハワードにあっては1973年の第３版，マッカーシー(1960年)，ケリー(1965年)，コトラー(1967年)の何れもそうである。以来，マーケティングは，永きにわたって，プロセスあるいはサイクルという視点から自らを説明してきた。しかしながら，その多くは，実施，統制に言及しながらも，計画あるいは戦略策定にその関心の重点をおいたものであった。特に，わが国のマーケティング研究者においてはその傾向が顕著である。したがって，ここにもマーケティングにおける統合問題が存在する。これまで，マーケティング・マネジメントは言うに及ばず，マネジリアル・マーケティング，そして，戦略的マーケティングも多くはこうしたマネジメント・プロセスのもとで論じられている。そこで，マーケティング・プロセスをマネジメント・プロセスの流れに合わせながら計画だけでなく，実施，統制における諸問題にも言及すると同時に，それらを諸関係を明らかにし，統合的に把握することが求められている。

ところで，巷間の説として，戦略的マーケティングは，競争志向のマーケティングとして単純に理解されたことがあるが，それは明らかに謝った理解である。そもそもマーケティングは，その市場創造機能に最大の特徴があるので

あり，むしろ，競争のない独自的地位の創出を志向している。したがって，競争分析によって競争企業あるいは製品を位置づけ，そこから自社企業あるいは製品の市場ポジションを確保しようとする考え方は，マーケティング志向あるいは消費者志向と相いれないものである。換言するならば，競争志向の過度の強調は，マーケティングの本質を見失う危険さえもっているのであり，ここで再度，戦略的マーケティングの意味を確認しておくことが重要だろう[10]。

何れにせよ，今日の多角化企業を念頭に置くなら，マーケティングも企業，事業，製品・ブランドの戦略レベルに合わせて考えることが重要であり，ここに戦略レベルの統合という問題が存在する。

5．統合問題の背景—4Pの統合に関連して

それでは，以上のような統合問題が生じてしまった背景には，どのようなものがあるのか。実は，それは，経営戦略論の生みの親ともいえるのがアンゾフと深く関わっている。彼は，その著書 *Corporate Strategy*, McGraw-Hill, 1965（広田寿亮訳『企業戦略論』産能短大，1969年）のなかで，製品／市場マトリクスなる考え方を提示した。すなわち，新旧の製品および市場の組み合わせから，企業成長のための戦略オプションを明らかにした。しかし，そこで扱っている製品および市場は，とりもなおさずマーケティング変数そのものである。そのためか，我々マーケティング研究者は，彼の所論をほとんど無意識的に引用している。

しかし，一方で我々は，次の点に留意しなくてはならなかった。すなわち，製品および市場という，いわばマーケティング研究における生命線ともいうべき変数を経営戦略論の中核に据えたアンゾフが，マーケティングそのものをどう理解し位置づけたかという問題である。今日，経営戦略論（経営学）によるマーケティング論への浸食という事態を踏まえるならば，経営戦略論が成立した，その時点でのアンゾフにおけるマーケティングの位置づけは，その後の経営戦略論あるいは経営学におけるマーケティングの扱いそのものを規定していったとも考えられる。

それでは，アンゾフは，マーケティングをどう考えたのか。それは，アンゾフのいう意思決定の３区分によく表れている。彼によれば，経営の意思決定は，⑴製品／市場ミックスの選択に関する戦略的意思決定，⑵資源の組織化に関する管理的意思決定，⑶現行業務の最適化に関する業務的意思決定の３つがあるという。そして，このうち彼が戦略論の構築にあたって問題としたのは，⑴の戦略的意思決定の問題であった[11)]。

いまここで，企業の経営問題を内的なものと外的なものに分けるならば，管理的・業務的意思決定はむしろ内的な経営問題であり，戦略的意思決定こそが外的な経営問題である。そして，経営学はテイラー以降，主として内的な経営問題を研究の対象としてきたのであり，アンゾフは，経営学者として外的な経営問題をはじめて中心的に扱ったということになる。しかし，企業経営における外的な経営問題は，伝統的にマーケティングが研究の対象としてきた。それは，アメリカにおけるマーケティングの成立過程をみても理解できるように，製造という内部問題ではなく販売という外的な経営問題そのものをマーケティングは扱ってきた。このことは，マーケティング研究における端緒的存在であるショー（A. W. Shaw）の*Some Problems in Market Distribution*, Harvard University Press, 1915が，製造企業の外的経営問題である販売を研究対象としたものだったことからも理解できる。

何れにせよ，アンゾフの経営戦略論は，戦略的意思決定という考え方をもって，マーケティングの伝統的な関心領域に直接入りこんだといえる。そして，そのことによってマーケティングは不要な混乱に落とし入れられたのである。

ところで，このようなアンゾフへの疑念は，ウェブスター（F. E. Webster, Jr.）にもみられる。ウェブスターによれば，アンゾフはマーケティングを管理的決定と業務的決定の問題に引き裂き，戦略的決定からマーケティングを切り離した。そして，流通チャネルの問題を管理的意思決定，価格・プロモーションの問題を業務的意思決定に帰属させたというのである[12)]。こうすることによって，アンゾフはマーケティングにとって最も重要な変数である製品と市場を戦略的意思決定の問題とし，自らの経営戦略論を構築したのである。換言するなら，これをもって，マーケティング・マネジメントにおける4P体系は見事に崩壊させられたのである。アンゾフのマーケティングにおいては，製品は与えられたものであり，むしろ，それは，マーケティング論における販売概念により近いものといえる。ちなみに，アンゾフは，マーケティングを製品受容（product acceptance）の創造，広告，販売促進，販売，製品（輸送と保管含む）の流通，契約管理，販売分析，そして，たいへん重要な製品のサービシングにかかわる広い活動と捉えており[13)]，マーケティングを管理的・業務的意思決定に関するものと位置づけている。

こうしてアンゾフは，マーケティングの4P体系を空中分解させたのであり，経営戦略論の成立とその後の展開における彼の影響を考えると，マーケティングに対する，部外者の，この時期の誤った規定は，極めて大きな意味をもっていたといわざるを得ない。そして，我々のマーケティング論において4Pの統合という当初の意図は，マーケティング研究者の自覚とは無縁な形でかなり早い時期に崩れ去ったのである。こうした4Pの統合における失敗は，他の経営諸機能の統合，戦略レベルの統合への関心と努力をマーケティング研究者から奪う遠因ともなった可能性がある[14)]。

●第３節●　コーポレート・マーケティングの枠組み

マーケティングは，マーケティング・マネジメント，マネジリアル・マーケティング，そして，戦略的マーケティングを成立させてきた。したがって，それら諸関係を明らかにし，さらには，今日的なマーケティングの全体像を提示する責務を負っている。このことは，最近のマーケティング研究が，森でなく木を，さらには枝葉を扱い，相互の繋がりや包括的な視野を失っていることを考えると，非常に大きな課題となる。

繰り返しになるが，マーケティング・マネジメント，マネジリアル・マーケティング，戦略的マーケティングについては，次のようにまとめることができる。すなわち，単一事業企業を前提として，企業（＝事業）レベルのマーケティングを扱うものがマネジリアル・マーケティングであり，そのもとで，製品・ブランドレベルのマーケティングをマーケティング・マネジメントが担うのである。これに対して，戦略的マーケティングは，複数事業企業を前提として，企業，事業レベルのマーケティングを扱うのである。また，マネジリアル・マーケティングと戦略的マーケティングは，何れもトップ・レベルのマーケティングという点で共通している。そこで，戦略的マーケティングないしマネジリアル・マーケティングとマーケティング・マネジメントを包括的に把握することで木ではなく森としてのマーケティングの浮き彫りにする。

さて，今日，示されるべき新しいマーケティングをここでコーポレート・マーケティングと呼ぶ。ちなみに，戦略レベルの最上位に位置する企業あるいは全社戦略は，corporate strategy であり，それは，直接的には中位の事業戦略群を統括するものであるが，同時に，すべてのレベルの戦略に対する包括概念でもある。そこで，全体として統括されたマーケティングをコーポレート・マーケティングとする。したがって，そこには，企業・全社レベルのマーケティング，事業レベルのマーケティング，製品・ブランドレベルのマーケティングがすべて包含されていることになる。すなわち，コーポレート・マーケティングを説明する際に鍵となる概念のひとつが統合なのであり，これまでのマーケティングが主張しながらも成し遂げられていなかったさまざまな統合に全面的に関わるものがコーポレート・マーケティングなのである。一方，すでに述べたように，マーケティングは，企業による優れて対外的な活動であり，その本質は市場創造にある。そこで本書第2部の目的を，企業と市場の関係，マーケティング諸関係の解明と統合的把握という視点から「市場創造」，「内部統合」，「外部統合」の問題を解き，そのことを通じて，コーポーレート・マーケティングの全体像とその推進を図る上で重要な論点を明らかにすることにする。

改めるまでもなく，マーケティング努力の焦点は消費者にあり，マーケティングはこれまで市場創造という行為の中で消費者との接点を模索し，取引関係の構築をはかってきた。そして，その努力は4Pという形で具体化させてきたのであり，その意味で，マーケティングは，消費者との（適合）を起点とした活動といえる。すなわち，製品や価格は消費者の意向を反映したものであり，プロモーションは，まさに消費者に対して行なわれ，チャネルの最先端で消費者は製品を購買するのである。その意味でマーケティングの活動対象は対外的なのであり，マーケティングは，この消費者とどのような関係を構築するかが，まず最初に問われなくてはならない。そして，そうした消費者との関係のもとで，言い換えれば，消費者との（適合）のもとで，マーケティング諸手段，すなわち4Pの諸関係が次に明らかにされるべきであり，ここに統合という課題がはじめて浮上する。そして，この4Pの統合は，その円滑な展開のためにマーケティングによる経営諸機能の統合を必要とする。たとえば，製品ひとつ取り上げても研究開発部門に対する統合的関与は不可欠だからである。また，こうした製品・ブランドレベルのマーケティングは，上位の事業および企業レベルの戦略と相互に関連しており，そこに戦略レベルの統合問題が存在する。さらに，策定された戦略は，当然のこととして，実施，統制されなくてはならず，ここにプロセスの統合問題がある。

一方，こうした内部統合は，組織内への円滑なマーケティング・マインドの浸透があって初めて可能になる。より具体的にいえば，組織の全域でマーケティング・マインドが共有されるということである。また，マーケティングの展開の仕方によっては，企業内における統合のみならず，その視野をサプライチェーンやディーラー・チェーンにみられるような組織間，すなわち，企業間関係の把握と統合にまで拡大することが必要となってくる。

このように市場創造の視点から企業と消費者の関係を捉え，また，統合的把握という視点から，マーケティング諸関係をみていくことで，コーポレート・

図表6-1　マーケティング諸関係と市場創造，内部・外部統合

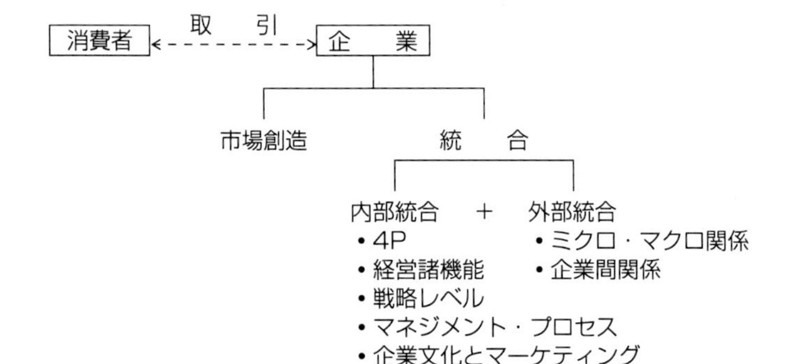

出所：筆者作成。

マーケティングを明らかにする。具体的には，(1)企業・消費者間関係と市場創造，(2)4P 間関係と統合的把握，(3)マーケティング・経営諸機能間関係と統合的把握，(4)戦略レベル間関係と統合的把握，(5)マネジメント・プロセスの諸関係と統合的把握，(6)企業文化とマーケティングの統合的把握，(7)ミクロ・マクロ関係と統合的把握，(8)企業間関係と統合的把握，といった問題領域の存在を認めることができ，これらは図表6－1のように示すことができる。

注

1）W. van Waterschoot and C. Van den Bulte, "The 4P Classification of the Marketing Mix Revisited," *Journal of Marketing*, Vol. 56, October, 1992.

2）A. R. Oxenfeldt, "The Formulation of a Market Strategy," in E. J. Kelly and W. Lazer eds., *Managerial Marketing：Perspectives and Viewpoints*, Richard D. Irwin, 1958.

3）E. J. McCarthy, *Basic Marketing：A Managerial Approach*, Richard D. Irwin, 1960.

4）W. Lazer and E. J. Kelly, "The Retailing Mix：Planning and Management," *Journal of Retailing*, Vol. 37, No. 1, 1961.

5）たとえば，4P に新たな要素を加えるべきとする指摘としては以下がある。
A. A. Johnson, "Adding more 'Ps' to the Pod or：12 Essential Elements of Marketing," Marketing News, 11, April, 1986では4P に purpose, probe, perceive, perform, predict, plan, people, professional を，V. C. Judd, "Differentiate with the 5th P：People," *Industrial Marketing Managemnet*, Vol. 16, November, 1987では people を，D. Berry, "Marketing Mix for the '90s adds an S and 2Cs to 4Ps," *Marketing News*, 24, December, 1990. では，service, customer sensitivity, customer convenience を，そして，P. Kotler, "Megamarketing," *Harvard Business Review*, Vol. 64, March-April, 1986では，power（politics），public relations を追加すべきと指摘されている。

6）E. J. Kelley and W. Lazer, eds., *Managerial Marketing：Perspectives and Viewpoints*, Irwin, 1958, preface.

7）荒川祐吉「現代マーケティングの基礎概念」森下二次也・荒川祐吉編著『体系マーケティング・マネジメント』千倉書房，1966年，44ページ。

8）P. Kotler, *Marketing Management：Analysis, Planning, and Control*, Prentice-Hall, 1967. 稲川和男・竹内一樹・中村元一・野々口格三訳『マーケティング・マネジメント（上）』鹿島出版会，1971年，13ページ。

9）1989年，日本商業学会西部連合部会（流通科学大学）での筆者の戦略的マーケティングに関する発表に対して，「それは，要するにマネジリアル・マーケティングのことだ」と荒川祐吉氏はコメントしたが，それは，このことを物語っている。

10）本書が，競争志向を過度に強調するのではなく，むしろ企業および事業という戦略レベルの相違という視点にたち，戦略的マーケティングを論じているのはいうまでもない。

11）H. I. Ansoff, *Corporate Strategy*, McGraw-Hill, 1965, chap. 1. 広田寿亮訳『企業戦

略論』産能短大，1969年，第１章。

12)　F. E. Webster, Jr., *Market-Driven Management：Using the New Marketing Concept to Create a Customer-Orientation Company*, John Wiley & Sons., 1994, p. 35.

13)　ここでの原文引用は以下による。H. I. Ansoff, *Corporate Strategy*, Penguin Books, 1984, p. 85.

14)　アンゾフが4P を分解し，さらに，ミドル・マネジメントとしてマーケティングを位置づけたことが，コトラーのマーケティング・マネジメント体系の構築にどのような影響を与えたかは定かではないが，すでにみたように，少なくともコトラーの初版は明らかにミドル・マネジメントとしてマーケティングを扱っている。

第7章
企業・消費者間関係と市場創造

企業が行なうマーケティングの本意が，消費者との関係の構築と維持にあるのはいうまでもない。本章では，この企業・消費者間関係を市場創造という視点から検討する。また，生産への消費者の介入という新たな局面を取り上げ，そのことが，これまでのマーケティング研究にどのような影響を与えるのか，また，これからの企業・消費者間関係をどのように変化させるのかについて考える。

●第1節●　マーケティングと取引

1.　企業と消費者

マーケティングの研究対象は取引にあり，それには，企業間取引，企業・消費者間取引がある。そして，これまでの研究の多くが主として企業・消費者間の取引を念頭におき，また，この企業と消費者による相互作用としての取引を企業側の視点からみることで，マーケティング・マネジメント，マネジリアル・マーケティング，戦略的マーケティングといった枠組みを構築してきたのであり，さらに，本書では，新たにコーポレート・マーケティングという考え方を提示しようとしている。

すなわち，マーケティング努力の対象は消費者であり，また，それ故に，マーケティングは企業による対市場活動の総称，具体的には，市場創造を意味するものとされてきた。言い換えれば，企業と消費者の相互作用としての取引を一方の行為主体たる企業から記述的，規範的にマーケティングは捉えられてきたのである。しかしながら，そうであれば，マーケティングには「売り手のマーケティング」と「買い手のマーケティング」がともに成立する筈であるが，これまでのマーケティング研究は「売り手のマーケティング」のみを対象としてきた。すなわち，企業の「売り手のマーケティング」の対象である消費者の「買い手のマーケティング」は，少なくとも規範的視点からマーケティングの研究対象として取り上げられることはなかった。また，企業も購買・調達という意味で相互作用としての取引の当事者でありながら，これまでのマーケティング研究においては，こうした企業の「買い手のマーケティング」は研究されてきていない。一方，相互作用としての取引をそのまま包括的に把握するという研究視点も考えられる。それは，企業と消費者の相互作用を第3の視点，すなわち，両者からともに外の視点からみるものであり，「買い手のマーケティング」でも「売り手のマーケティング」でもなく，売り手と買い手による取引という相互作用そのものが研究対象となる。

このようにマーケティング研究を進めるには，どのような視点に立つかが重要となるが，ここではまず，これまでの研究がそうであったように企業の「売り手のマーケティング」に焦点をおくことにする。

それでは，「売り手のマーケティング」の行為主体者たる企業は，取引相手としての消費者をこれまでどのようにみてきたのだろうか。これに関しては，分かり易い議論として嶋口充輝によるマーケティング・パラダイム・シフト論がある[1)]。これは，マーケティングの論理的な枠組みがどのように変化してきたかを明らかにするものであり，具体的には，刺激・反応パラダイムから交換パラダイムをへて関係性パラダイムというパラダイム・シフトを指している。ここで，それらについて詳細を述べることはしないが，このマーケティング・パラダイム・シフト論は，実はマーケティングにおける消費者観の変化を表わすものでもある。すなわち，刺激・反応パラダイムでは，消費者はいわばブラックボックスとして理解されており，単なるマーケティング刺激の対象であった。そして，交換パラダイムでは消費者は対価交換の相手として理解されることになったが，それは，あくまで短期的・不安定的な交換相手としての消費者であった。しかし，関係性パラダイムのもとでは，マーケティングは消費者との長期的・安定的な関係を志向するものとなり，いわゆるマーケティングにおける消費者観は大きく変化したのである。このようにマーケティングにおける消費者観の変化は，マーケティング・パラダイム・シフト論のなかにみることができる。

しかし，情報化が進展するなかで，企業と消費者の関係は新たな局面を迎えつつある。

すなわち，今日，消費者と企業の情報格差は縮小しつつあり，これまでのような情報格差に基づくマーケティングではなく，そこには新しいマーケティングが求められている。上原征彦は，これまでのマーケティングを操作型マーケティングと規定し，新しい協働型マーケティングの成立を論じている。それによれば，協働型マーケティングは，「消費者が財の生産過程に直接介入するシステムのもとで，消費者と企業との協働関係が構築され，その関係の中で両者による価値創造活動が展開される，といった相互制御行為（協働行為）の展開[2]」であり，明らかに嶋口のいうマーケティング・パラダイム・シフト論を超えるところにそれは位置づけられている。要するに，上原が示そうとしたのは，企業と消費者が協働することで価値創造するというものであり，これまでのような製品ありきのマーケティングとは明らかにことなっている。端的いえば，嶋口と上原の主張の大きな差違は，取引にあたって，製品を所与とするか否かという点にある。

2.　製品所与マーケティング―取引リスク削減の歴史

そこで，これまでのマーケティングを製品所与マーケティングと規定し，今日に至るまで展開されてきたマーケティング論議をこの製品所与という視点から振り返ることにする。

(1)　製品所与マーケティングの始まり

テイラー（F. W. Tayor）が，いわゆる企業（工場）の内部管理の問題を扱ったことは周知のとおりであるが[3]，同時期に，ショーは，企業の外部管理の問題を扱った[4]。すなわち，彼はまず，動作の目的によって企業活動を生産活動，流通活動，助成活動に区分し，次に流通活動を需要創造活動と物的供給活動からなるとした。続いて，需要創造活動を具体的に担うものとして中間商人，販売員，広告の3つをあげた。したがって，もし，このショーをいわゆるマーケティングの嚆矢とするなら，ここに製品所与マーケティングの始まりがある。すなわち，製品を所与として，それをどのように流通あるいは販売するのか，ここに，メーカーによる取引の問題としてマーケティングは意味づけられたのである。

（2）　生産志向，販売志向からマーケティング志向へ

次に，流通あるいは販売という局面での取引リスクを押さえるには，当該製品が消費者の意向に適合する必要があり，企業経営として考えるのは，当然ながら，生産ではなくマーケティングに焦点をおいた経営である。すなわち，生産された製品の処理，つまり，流通，販売ではなく，消費者に受け入れられるものを生産することにマーケティングとして関与するということであり，そのことによって取引リスクを削減しようとしたのである。一般にいわれる生産志向，販売志向のあとにマーケティング志向へと転換していったのはこの意味において当然の帰結であったといえる。

（3）　マーケティング志向の精緻化

ところで，取引リスクの削減には，マーケティングの本質を極める必要がある。それは対市場活動の総称としてのマーケティングは，企業経営において唯一の対外的活動であり，マーケティング努力の対象が消費者にあることと深く関わっている。端的にいえば，消費者志向という考え方の登場はそのことを物語っている。すなわち，マーケティング・マネジメントは，ハワードをへてマッカーシーが示したように取引相手である消費者を中心とした枠組みを構築したのであり（本書第1章参照のこと），企業・消費者間における取引リスク削減は理念的には一種の到達点に達したといえる。というのは，先のマーケティングに焦点をおいた経営は，あくまで生産に焦点をおいた経営に対して強調さ

れるものであり，それを企業経営内において生産志向からマーケティング志向への転換としたのである。したがって，消費者志向は，企業経営におけるマーケティング志向を前提として，マーケティング志向の考え方をさらに精緻化した表現としての意味を持っている。

一方，生産志向ではなくマーケティング志向の重要性を具体的な事例をあげつつ主張したのがレビットであり，それが，いわゆるマーケティング・マイオピア論[5)]として結実したのは周知の通りである。すなわち，レビットは，販売とマーケティングの概念的な違いを主張し，買い手ではなく売り手に，要するに，製品ではなく顧客に焦点をおくべきだということを分かり易く説いたのである。

(4)　マーケティング戦略というリスク削減方式

こうしたマーケティングは，緻密なリサーチによって消費者ニーズを明らかにするとともに，いわゆる市場細分化によって標的市場を特定し，さらにマーケティング・ミックスを構築するというマーケティング戦略の公式化を図ったのである[6)]。後述するように，市場細分化というのは，いわば効率達成を意図するものであり，それによって標的市場の特定はより効果的なものとなる。一方，標的市場とマーケティングの対応関係については，1967年にコトラーが，無差別的マーケティング，集中的マーケティング，差別的マーケティングという考え方を演繹的に提示したが[7)]，これによってマーケティングはさらに適合度を高めることを可能にした。このうち，無差別的マーケティングは，効率を達成するためのいわば究極のものとして位置づけられる。

ところで，競争戦略論で有名なポーターは，1980年にコスト・リーダーシップ戦略，差別化戦略，集中化戦略といった類型を実証研究をへて帰納的に示したが[8)]，それは，コトラーの提示したものに通じている。たとえば，コスト・リーダーシップ戦略はいうまでもなく，低コストによる競争優位性を獲得しようとするものであるが，コトラーの無差別的マーケティングは，前述したようにマーケティングという対市場活動の視点から低コスト，言い換えれば，最大限の効率を追求しようとするものであり，この点で，両者は共通している。また，ポーターの差別化戦略は製品自体，流通システム，マーケティングなどを差別化することで競争優位を得ようとするものであるが，コトラーの差別的マーケティングは，市場細分化によって明らかとなった部分市場のそれぞれに異なるマーケティングを対応させるものであり，差別的なマーケティングの複数の展開を示唆したものである。したがって，この意味において両者の意図は別のところにある。一方，ポーターの集中化戦略とコトラーの集中的マーケティングも特定市場に特化するという点で共通している。そして，もし，コトラーとポーターにおける差違を指摘するなら，コトラーが当然ながら市場（すなわち，消費者集合）との関連から純粋に演繹的にマーケティング類型を示したのに対して，ポーターはこれまた当然ながら産業組織論を専攻する経済学者らしく，言い換えれば，市場には企業と消費者が含まれ，このうち，企業行動という視点から，需要，すなわち，消費者の存在を前提として，競争戦略類型を帰納的に示したのである。

（5）　ソーシャル・マーケティングの射程

1970年代になるとソーシャル・マーケティングなる考え方が登場したが，レイザー＝ケリー流のソーシャル・マーケティング[9)]が意図したのは，マーケティング取引の相手である消費者の購買段階だけでなく，購買後の消費・使用段階および廃棄段階に目を向けたマーケティングの展開であった。すなわち，当時，商品安全性，虚偽・誇大広告，公害等の問題が叫ばれるなか，消費者行為の全域にわたってマーケティング配慮を行き届かせようとするものである。確かに，購買者としてだけではなく，消費・使用者，廃棄者として消費者を捉えることには極めて大きな意義があった。端的にいえば，マーケティングの射程を購買という経済行為にとどまらず，消費・使用，廃棄という社会行為にまで拡げることこそが，まさにソーシャル・マーケティングそのものだったからである。しかし，これまで述べてきたように，当時のこのソーシャル・マーケティングも製品所与の議論であることに変わりはない。

（6）　延期―投機の原理とマーケティング

延期―投機の原理とは，製品形態，所有権者，在庫位置の決定をどの時点と地点で行なうのが最適化に答えようとするものである[10)]。すなわち，延期とは，その決定を遅らせ，消費者に近いところで，また，投機とは，早く，そして，消費者から遠いところで行なおうとするものである。しかし，投機であろうが延期であろうが，そこには製品が所与となっているという事実がある。確かに，マーケティングは，取引に伴うリスクを削減するために情報化を背景として投機型から延期型へと移行しつつある。しかし，いくらこの方法で消費者，顧客，市場に近づいても，あくまで製品所与のもとでその貫徹を図るためのものであり，それ以外の何ものでもない。

以上のことから，これまでのマーケティングおよび企業・消費者間関係が，製品を所与としたものだったことがわかるだろう[11)]。これに対して，先にあげた上原は企業と消費者による協働行為によって製品は生み出されると考えており，そうした協働行為としての価値創造そのものに注目している。その意味で，製品所与マーケティングとは一線を画すのである。

（7）　価値の所在と発現

さて，「製品ありき」のもとでは，当然ながら，価値は事前に企業によって製品に埋め込まれており，消費者は，その製品を購入する。したがって，取引を分析対象としてきたマーケティングにとって重要なことは，消費者ニーズを的確に汲み取り，それを如何に製品に埋め込むか，そして，そのことを如何に伝えるかにあったのであり，そうした活動を踏まえて，マーケティング取引が行なわれると考えてきたのである。しかしながら，価値そのものが発現するのは，消費・使用段階であることに留意しなくてはならない。

3.　製品共創マーケティング

そこで次に，製品を所与とするのではなく，上原のいうような「生産過程への消費者の介入」の典型的な事例といえる企業と消費者の協働による製品開発に注目する。そして，そのことを起点として価値創造を行なうマーケティングを，ここでは製品共創マーケティングとし，その成立要件と特徴について明らかにする。

（1）成立要件─消費者の自立性

企業との協働において消費者は高い自立性が要求される。協働による価値創造とは，まさに相互作用プロセスそのものなのであり，消費者として，単なるニーズの提示を超え，企業との遣り取りに的確に応じる必要がある。したがって，これが可能な場合に，製品共創マーケティングは成立する。すなわち，そこには「意志と能力」という点で自立した消費者が存在することになる。そして，この自立した消費者がこれまでのマーケティングおよび企業・消費者間関係を大きく変えるのであり，そこで初めて製品共創マーケティングは意味をなすのである。また，企業側にも消費者との協働に応じる能力が求められているのはいうまでもない。ただし，こうした製品共創マーケティングに耐えうる消費者は，総体としてみれば，現状では，決して多いわけではなく，さらに，同じ消費者ながら，すべての局面で「自立した消費者」として行動するわけではない。むしろ，依然として，「操作」されることを望む場面は存在すると考えられ，これまでの製品所与マーケティングを否定することはできない。むしろ，企業に必要なのはそれぞれの消費者へのことなる対応ということになる。

（2）特　　徴

①　共創的価値創造─製品所与からの脱却

一般に，取引は探索─交渉─締結からなるが，それは企業と消費者による相互作用そのものである。しかし，ここで注意したいのは，この取引が製品所与のもとで行なわれる点である。すなわち，企業は「自社製品」の取引相手を探索し，取引相手と交渉し，取引相手と取引を締結するのである。そして，消費者も同様に取引相手としての企業を探索し，交渉し，締結するのであるが，しかしながら，この取引は製品所与のもとで行なわれてきた。したがって，企業は消費者ニーズを事前にリサーチし，それを製品化することで取引に伴うリスクを削減し，また，締結後においては消費者からのレスポンスを既存製品の改良や新製品開発を含む新たな製品計画に反映させるのである。今日，情報化の進展によって，この取引における探索，交渉，そして締結が迅速化したのも事実であり，また，事後における維持を意図したマーケティングの展開も行なわれている。しかし，それらは，あくまで製品を所与としたものに過ぎず，これまでのマーケティング研究が対象としてきた取引は，実は，そもそも製品所与の世界だったことを今一度確認しておくべきだろう。

これに対して，製品共創マーケティングにおいては，価値創造プロセスそのものが協働で行なわれるのであり，製品は決して所与ではなく，協働の結果，製品は生まれるのである。そして，そこでは製品化リスクは極めて小さく，リサーチを始めとしたこれまでの他の多くのマーケティング活動の役割は大きく減退する。ただし，先の上原はあくまで生産過程への直接介入という局面に焦点をおいたが，この企業と消費者の共同による価値創造，すなわち，価値共創は，こうした製品開発の段階だけでなく，「その後」の企業・消費間関係においても展開されることに留意したい。要するに，企業・消費者間関係そのものが大きな時間プロセスを伴う共創なのである。

②　共創的経験価値

今日，マーケティングの分野で経験経済[12)]，経験価値が注目されているが，プロセスとしての共創が消費者の経験価値の土台となっていることに異論はないだろう。しかし，そこで焦点となっているのは製品所与の議論である。たとえば，シュミット（B. H. Schmit）は，「経験価値マーケティングの焦点は，（製品ではなく）使用と消費の状況にあり，（製品の特性ではなく）経験の種類にあり[13)]，」と述べている。すなわち，使用・消費段階における経験価値を，彼らはマーケティングの主題として取り上げるのである。しかし，製品共創マーケティングは，製品所与ではなく，製品開発の段階から企業と消費者の協働によって価値創造が行なわれるのであり，したがって，消費者の経験価値は，使用と消費という局面だけではなく，この製品開発の段階から始まると考えるべきである。

ところで，企業における生産志向，販売志向，マーケティング志向，そして，このうちのマーケティング志向を精緻化した消費者志向への移行を，一般にコペルニクス的転回というが，この製品共創というのは，いわば第2のコペルニクス的転回といえる。というのも，第1のコペルニクス的転回は企業内でおこったが，第2のコペルニクス的転回は消費者内でおこったのであり，両者は明確に区別されるからである。何故なら，今日，消費者は企業によって「操作」されるのではなく，価値創造のパートナーであり，所与の製品の選択ではなく，自ら製品開発に関与することになったからであり，それは，企業・消費者間関係を考える上で，極めて画期的なことだからである。

さて，概念的には，以上のように製品共創マーケティングを描き出すことができる。そして，その世界は，これまでの製品所与マーケティングと明らかに異なっている。

4．マーケティングにおける製品，市場，競争，そして，戦略

マーケティングは，企業・消費者間における相互関係そのものだが，製品は企業の総意であり，市場は消費者集合であることから，それは製品・市場間関係と言い換えることができる。そこで，製品が所与か共創かという問題を意識しながら，これまでの製品所与マーケティングが製品，市場，競争，戦略をどのように捉えてきたかを明らかにする。

（1）製　　品

マーケティングが製品をどのようにみているかは，コトラーの製品３層論によって伺い知ることができる。コトラーによれば，製品は，中核となるベネフィットあるいはサービスからなら中核製品，包装，ブランド名，品質，スタイル，特徴からなる実際製品，そして，取り付け，配達と信用，保証，アフター・サービスからなる拡張製品の３層によって構成される[14)]。すなわち，一般に我々が製品と呼んでいるのは実際製品であり，それに付帯するサービスを考慮したものが拡張製品である。マーケティングは，まず，実際製品のブランドや品質といった要素に焦点をおき，消費者ニーズとの適合を図ろうとしてきた。次に，実際製品に付帯するサービスを工夫することで消費者の意向を製品に向けさせようとしてきた。

しかし，マーケティングはこれだけで終わらない。消費者が本当に求めているものは実はこうした２層，３層の製品ではなく，１層の中核製品，すなわ

ち，ベネフィットやサービスだと気づくのである。これは，先にも触れたレビットの鉄道に求めるのは輸送であり，映画に求めるのは娯楽であるというマーケティング・マイオピア論と繋がっている。言い換えれば，これまでのマーケティングは，消費者の「内なる真実」に限りなく近づく歴史でもあったのである。

さらに，レビットによれば，顧客の購買行動というのは問題解決のためのものであり[15]，人は，製品がもたらす恩恵の期待を買う[16]，のだという。すなわち，消費者の問題解決は，ベネフィットの束たる中核製品によって図られるのであり，そこに，製品に対する価値を消費者は見出すのである。そして，ここで留意したいのは，もし，消費者の行動がこうした問題解決にあるとするなら，製品所与の議論では，その対応方法は製品の内にあると考えていたことである。

端的にいえば，事前に価値は製品に組み込まれているのである。これが，製品所与の考え方である。ただし，この組み込まれた価値が発現するのは，繰り返すが，消費・使用段階である。そして，組み込まれた価値が消費・使用段階でそのまますべて評価されるわけではなく，意図せざる新たな価値が発見される場合もあることに留意すべきだろう。

一方，製品共創の世界では，いうまでもなく価値は企業と消費者の協働によって創造されるのであり，決して，消費者にとって事前的ではないのである。そして，その価値創造は，先にも触れたように，製品開発段階から消費・使用段階にいたる企業と消費者による共創の全プロセスにおいて行なわれる。したがって，それは，単なる問題解決ではなく，また，製品所与のもとでの経験価値を超えた消費者行動の全域に亘る世界を扱うのである。

(2) 市　　場

マーケティングにおける市場概念は独特である。それは消費者集合であり，かつまた異質であると捉えられれている。まず第1に，一般に，市場といえばその構成員は消費者と企業である。たとえば，コトラーらは，「経済学者は，個々の製品を取引する購買者と販売者の集合あるいは製品クラス（住宅市場あるいは穀物市場）として市場を記述する。[17]」としている。しかし，マーケティングがいう市場の構成員は消費者のみである。すなわち，市場は，一連の顕在購買者と潜在購買者からなっているのである[18)]。そして，第2に，経済学では市場を同質として捉えるが，マーケティングにとっての市場は異質なのである。たとえば，オルダーソン（W. Alderson）は，市場は異質であり，また，需要と供給がソゴの状態にあるとしている[19)]。すなわち，彼は，経済学的に市場は需要と供給の両方からなるとしつつも，異質市場をマーケティングの対象として考えている。ここで重要なことは，オルダーソンの市場概念ではなく，需要の異質性という理解にある。

そして，これらの捉え方は，その後のマーケティング研究の方向性を規定していった。具体的には，市場を異質として把握したことで，マーケティングは消費者，顧客，市場への限りない接近が求められ，製品所与マーケティングのもとで豊富な議論を得た。たとえば，異質市場への適合は大きな取引リスクを伴うが，それを克服するものとして考え出されたのが市場細分化である。市場細分化は，異質市場をまさに区分された同質市場に組み上げるものであり，そのことによって，マーケティングは効率を獲得する手段を得たのである。すなわち，市場細分化は，消費者の製品に対するニーズには，何らかの許容範囲があるということに依存している。端的にいうなら，消費者は，製品ごとに許容するニーズの範囲をもっており，たとえば，製品によっては，それぞれの消費者の許容範囲が広く，重なり合う可能性があり，その場合は，ニーズは同質と見なすことができ，結果として，製品数は削減されることになる。市場細分化の妙はまさにこの点にある。

しかしながら，製品共創マーケティングのもとでは，この意味における市場細分化の重要性は大きく低減することになる。何故なら，異質市場における個々の消費者との共創において企業はマーケティングを展開するからである。言い換えれば，製品所与マーケティングにおいては，取引リスクがあり，それへの対応から，マーケティングは，効率達成のための手段として市場細分化を生み出した。しかし，製品共創マーケティングでは，共創する消費者が購買相手なのであり，そうした意味での取引リスクは基本的に発生せず，その点でリスク回避の問題を考える必要はない。そして，何よりも，市場が単なる売買取引の場ではなく，企業と消費者が時間軸をもって共創する場となるのである。

（3） 競　　争

次に，マーケティング論は，市場を消費者集合としたことで市場における競争問題を論理的に排除することになった。すなわち，市場適合に際して，他の企業，言い換えれば，競合他社への対応という問題は，端から問題とされなかったのである。それは，標的市場の特定とマーケティング・ミックスの構築からなる伝統的なマーケティング戦略の考え方からも容易に察し得る。つまり，マーケティングは唯ひたすら市場適合を目指すものなのである。

周知のように，マーケティングは1980年代に競争分析の欠如を指摘され，どういうわけか消費者志向対競争志向というマーケティングにとってまったく本意でない概念的対立に関する議論が生まれたが，実は，そのこと自体が大きな間違いである。ハワードに戻るまでもなく，マーケティングにとって競争は統制不可能要因，すなわち，制約条件のひとつに過ぎず，それ以上のものでも以下のものでもない。論理的に競争志向が消費者志向に先行することなど決してあり得ない。

したがって，両者のバランスと採るという議論は，あまり意味のないことである。消費者，顧客，市場への適合にあたっての制約条件として競争問題が存在し，むしろ，ハワードのいう創造的適応によってその競争を回避することこそがマーケティングの真髄なのである[20]。ましてや，競争志向のもとでの消費者志向などあり得ない。そして，先に製品共創マーケティングのもとでは異質市場ゆえに市場細分化の重要性は薄まるとしたが，それが，個別的対応ゆえに，これまでのような意味における競争問題も浮上しないことになる。さらに，もともと，競争企業を特定するのは，大きな困難を伴うものである。

レーマン＝ウィナー（D. R. Lehmann and R. S. Winer）によれば，競争にはレベルがあり，現実には，レベルを超えた競争が存在している[21]（図表７−１参照）。たとえば，ダイエットペプシの競争相手はダイエットコークだけではなく，レギュラーコーラであったり，ビールであったり，さらには，ビデオレンタルであったりするのである。したがって，そうした状況下で，競争相手をそれぞれ個別に特定するのは非常にやっかいなことなのである。また，企業の判断と実際の競合関係が必ずしも一致しているわけではない。さらに，さまざまな局面においてボーダレス化が進行する今日において，異なる業界あるいは産業から

図表7-1　競争のレベル

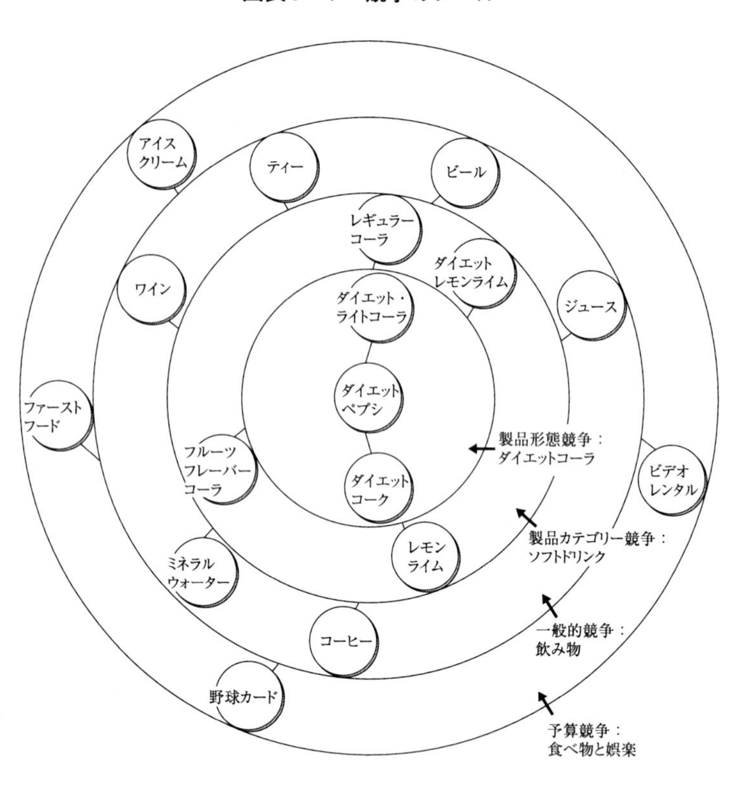

出所：D. R. Lehman, and R. S. Winer, *Analysis for Marketing Planning*, 6th ed., McGraw-Hill, 2005, p. 29.

競争企業が参入する場合もあり，そうした場合の予測は非常に難しい。

以上みてきたように，マーケティングの本意は消費者の問題解決にあり，消費者集合たる市場概念に競争企業は含まれない。したがって，競争は制約条件のひとつに過ぎない。繰り返すが，マーケティングの努力対象は，あくまで消費者にある。

（4）戦　　略

周知のように，戦略はもともと軍事用語である。したがって，そこでの勝敗はあくまで相手との関係によって決まるのであり，いわゆる絶対的勝利などはあり得ない。このことから理解できるように，戦略というは，相対概念をその実とするものなのであり，そのことは，極めて重大な意味をもっている。すなわち，競争には，レース型競争とゲーム型競争の２つがあるが，戦略が想定するのは，このうちのゲーム型競争ある。これを企業経営に置き換えれば，敵である競争企業に打ち勝つための一連の行為が戦略ということになる。

しかし，実際のところ，戦争の場合と企業経営とでは本質的な違いがある。戦争では，敵に勝てば，それですべてが完結するが，企業経営のゴールは，競争企業に勝つことではない。これまで，マーケティングが示してきたように，企業経営では市場創造がその目的なのであり，競争は，その際の制約条件，すなわち，統制不可能要因なのである。そして，消費者は，繰り返すまでもなくマーケティング努力の対象なのである。その意味からすれば，マーケティングが想定してきたのは，レース型競争の展開であり，決して，ゲーム型競争ではない。すなわち，ゴールたる消費者への到達を競うレース型競争なのである。

したがって，ゲーム型競争への対応として理解される戦略とレース型競争を想定するマーケティングは極めて相性が悪いということになる。

この意味においても，マーケティング「戦略」に競争視点が希薄だったのは当然なのである。そして，マーケティングが戦略であるために競争概念を導入するとするなら，それは，レース型競争における競争，すなわち，消費者適合を巡る競争であり，そこでの勝利は，絶対的勝利ということになる。

言い換えれば，そこにこそ，マーケティングの絶対的な価値がある。一方，同時に，ゲーム型競争を内容とする戦略の危うさを指摘しておかなければならない。端的にいうなら，ゲーム型競争には，消費者が視野に入っておらず，その勝利者が，必ず消費者の支持を受けるとは限らない。市場の存在を前提としながら展開されたゲーム型競争も，場合によっては，市場を見失う可能性さえあるのである。そして，その危険性は，先の述べた競争志向という考え方にも含まれている。

また，「…戦略（strategy）」と「戦略的（strategic）…」を何れも対競争概念が強調されたものとして理解してはならない。両者が意味するのは明らかに異なっている。前者は，いうまでもなく対競争概念としての戦略であるが，後者は，企業，事業といった上位の戦略レベルを指しており，その用法に基づいて，戦略的マーケティングは成立している。

そして，製品所与マーケティングと製品共創マーケティングを考えた場合，戦略概念は，前者の製品所与の際に大きな影響を与える。なぜなら，共創の場合は，先に述べたように個別的対応の世界がそこで展開されるからである。

以上のように，製品所与・共創マーケティングのもとで製品，市場，競争，戦略をみることができるが，とりわけ，製品共創マーケティングのもとで描かれるのは，すでに断片的に触れたように別の世界である。製品所与マーケティングの展開というのは，いわば企業・消費者間取引におけるリスク削減の歴史でもあったわけであるが，製品共創マーケティングにおいては取引リスクそのものが理論的に発生しない。したがって，製品共創マーケテティングは，製品所与マーケティングのもとで構築されてきた多様な手法を必ずしも必要とするわけではない。さらに，両者は，効率達成の論理と方法においても際立った相違がある。製品所与マーケティングでは，異質市場ゆえに効率達成のために市場細分化を行ない，製品に価値を組み込むという形で製品と市場を「操作」してきた。しかも，そこで重要なことは，それが事前に可能だったということである。言い換えれば，効率達成のために企業は製品と市場を選択できたのである。しかし，共創マーケティングでは，価値は共創によって生まれるのであり，そのもとで，企業であるがゆえに当然ながら効率達成が図られることになる。しかも，事前ではなく同時にである。つまり，共創プロセスにおいて常に効率問題が処理されなくてはならない。こうして，企業と消費者の共創プロセスが共有されるのであり，マーケティングは，その本意たる消費者との適合に終始することになる。

（5）　取引概念の再考と組織問題

以上のことから，ここで確認しなくてはならないのは，製品所与のもとで，売買に焦点をおいた取引のみをこれまでと同じように取引とするのか，あるいは取引に先立つ製品共創のプロセスを含めて取引とするのか，さらに，後者については，取引に代わる新たな用語を充当させるかという点である。

いうまでもなく，マーケティングが研究対象としてきたのは取引そのものである。そして，繰り返すことになるが，事前に，すなわち，当該取引に先行してこれまでは製品が存在したわけであるが，今日，新たに注目されるようになった製品共創の世界では，売買としての取引はその意味では事後的なものとなり，さらに，その後も企業と消費者の共創関係は存在する。したがって，両者は大きく異なっており，用語的にも新たな工夫が求められる。

しかし，よく考えてみれば，この狭義の取引も先の広義の取引も，その本質は，あくまで主体間関係の構築と維持にあるのであり，この点では共通している。むしろ，マーケティング研究が為すべきことは，有効な取引がどのように生まれ，継続されるかを明らかにすることにあり，そのためにマーケティングは組織に深く関与する必要があるということである。言い換えれば，これまでのマーケティング研究は，現象としての取引にばかり目を奪われ，取引が生まれ，継続される背景，要件に関する分析を怠ってきたということであり，行為主体者たる組織との関係においてマーケティングを論じてこなかったということである。

そこで，今後のマーケティング研究に幅と奥行き与えるために，取引そのものは売買現象を指すとしても，その本質は主体間関係の構築と維持にあり，取引の構築と維持に関する背景，要件を組織との関係をから検討すべきであることを強調しておく。

●第2節●　マーケティングの新たな方向性

1. 製品（所与・共創）マーケティングからサービス・マーケティングへ

前節では，所与か共創かの問題を含め，いわゆる製品マーケティングについて述べた。一方，製品ではなくサービスに焦点をおいたマーケティング，すなわち，サービス・マーケティングという考え方がある。周知のように，このサービス・マーケティングは，それまでの製品マーケティングに対峙するものとして位置づけられ，無形性という財の特性が強調された形で理解されてきた。たとえば，一般にサービス・マーケティング研究では，有形財としての製品との比較から，無形財としてのサービスの特性である，無形性，異質性，生産と消費の同時性，消滅性が明らかにされてきた[22]。しかし，ここで注目したいのは，サービスとは，行為あるいはパフォーマンスであり[23]，生産と消費が同時に行なわれるという点である。そして，そこでは，企業と消費者はいわば共創関係にあり，ここにサービス・マーケティングの最も大きな特徴を見出すことができる。言い換えれば，サービス特性のうち，生産と消費の同時性を特に強調したものがいわば共創の世界なのである。

ところで，製品マーケティングは，製品を所与とするか共創するかによって区分されたが，もし，共創に焦点をおくなら，製品マーケティングのうち，製品共創マーケティングとサービス・マーケティング（厳密には，サービス共創マーケティング）は，企業と消費者による価値の共創という点では同じである。何故なら，共創とはプロセスであり，行為，パフォーマンスそのものだからである。要するに，製品所与と製品共創を区分することなく，旧来のような製品所与のみを想定した製品マーケティング，そして，それに対峙させる形で提示されてきたサービス・マーケティングという考え方では，製品共創マーケティングとサービス・マーケティングに共創という点で共通性があることを認識できなかっただろう。その意味で，製品マーケティングを製品所与と製品共創に区分することは重要な意味があったのである。

さらに，サービス・マーケティングの出現は，マーケティングの理論的進展という点で大きな貢献となった。すなわち，サービスを提供する最前線を重視するということである。端的にいえば，企業と消費者が共創する場におけるマネジメントにマーケティングの焦点がおかれるようになったのである。

ところで，こうしたサービス・マーケティング研究は，周知のように1980年代に始まったが，それは，いわゆる戦略的マーケティング研究の台頭と時を同じくしている。そして，第１部で述べたように，戦略的マーケティングは，マーケティングの戦略レベルを企業，事業にまで押し上げるものであったが，一方で，それまでの計画中心から実施・統制までを見渡すマネジメントへの転換，また，行為主体たる組織の風土や文化への関心，といった側面を持っており，それらは，現場重視の考え方そのものを表している。その意味で，1980年代は，マーケティング研究にとって大きな転換期であったのである。

そして，先の製品共創マーケティングも，生産と消費の同時性はないものの，企業と消費者が共創するという局面において同様の貢献を認めることができる。事実，製品開発において企業と消費者の協働が行なわれており，そこでは，現場への権限委譲が必須となっている。

2.　価値共創・所与マーケティングの成立

（1）　マーケティングの新たな区分

さて，以上のことを踏まえるなら，マーケティングを新たに括り直すことが可能となる。すなわち，価値が事前に企業によって組み込まれた価値所与マーケティングと価値を企業と消費者が同時に協働して創造する価値共創マーケティングという２分法である。そして，このうち価値所与マーケティングは，本書でこれまで述べてきた製品所与マーケティングのことであり，さらに，「形」があるかないかというこれまでの流儀にしたがえば，後者の価値共創マーケティングには，共創の結果，価値が有形（製品）として生み出される場合（製品共創マーケティング）と無形（サービス）として生み出される場合（サービス・マーケティング，つまり，サービス共創マーケティング）に区分される。そして，製品所与においても，そこにサービスが付加され，また，製品共創，サービス共創においては，両者の組み合わせによって価値が生み出される場合もあるだろう。

以上のことは次のようにまとめることができる。

第1に，価値所与マーケティングとしての製品所与マーケティングは，価値を事前に製品に組み込んだことから取引リスクが高く，その対応のために，企業は製品と市場を操作しようとしてきた。

第2に，価値共創マーケティングとしての製品共創マーケティングは，価値を企業と消費者が同時に共創するため，理論的には取引リスクは認められず，また，製品と市場の操作の必要性も無い。

第3に，価値共創マーケティングとしてのサービス共創マーケティングは，同じく，価値は企業と消費者によって共創され，そのため，取引リスク，操作ともに無縁となる。

ところで，この共創の世界は，これまでのマーケティング研究において，十分に認識されてきたわけではない。したがって，これをどう描き上げるかが今後のマーケティング研究にとって重要となる。何よりも，共創マーケティングでは，最前線での企業と消費者の相互関係が重視されるのであり，その結果，企業は担当者に大幅な権限委譲を行なわなければならず，これまでの事前的なマーケティングと非常に対照的である。企業にとっては，この消費者との接点をリアルだろうがバーチャルだろうがどう構築するかが課題となる。また，この共創のもとでは，その一方の主体である消費者はすでに特定されており，その意味で，抽象的な消費者というより具体的な顧客という表現の方が適切といえる。そこで，以下，必要に応じて，両者を使い分けることにする。

（2）　顧客志向から顧客起点へ

さて，このように共創の世界を考えてくると，顧客起点のマーケティングの姿がみえてくる。それは，これまでのように企業がマーケティング努力の対象として消費者を捉え，ひたすら，「消費者志向」あるいは「顧客志向」を唱えるマーケティングとは明らかに異なっている。考えてみれば，もともと，マーケティングというのは，消費者から一番遠いメーカーによる流通および消費者への関与として誕生したのであり，メーカーがその宿命的課題を如何に克服するかの問題として取り上げられたものである。そして，前述したように，マーケティングは，生産志向，販売志向，マーケティング志向へと進展し，最終的に消費者志向に至ったのであるが，その立ち位置は，常にメーカーという企業にあり，消費者志向の本質も，そこから，マーケティングの方向を単に消費者に向かわせることだけにあったのである。

しかし，企業と顧客の共創関係のもとで，そうした消費者志向は何ら意味をもたない。企業は，顧客を志向するのではなく，顧客と共創するのであり，そこでは，パートナー関係が成立している。すなわち，ここでは方向はおろか距離さえも克服されている。したがって，この共創関係にあって企業がなすべきことは，「顧客起点のマーケティング」の展開しかないのである。このように顧客志向と顧客起点の考え方は大きく異なっていると理解すべきである。そして，この顧客起点という考え方のもとで，顧客の状況に応じてすべてのマーケティングは展開されるのである。このように考えると，最終消費者への販売を意図する小売業は，自ずから顧客接点をもつのであり，すなわち，方向と距離は克服されており，そのことに注目するなら，顧客起点のマーケティングの展開にあたって，極めて優位にあるといえる。また，顧客起点とは，顧客への受動的な適応を意味しているわけでもない。顧客を起点としてマーケティングを展開するということであり，それは，具体的に，顧客に応じたそれぞれのマーケティング展開ということになる。すなわち，今後は顧客起点の基でマーケティング・システム，さらにいえば，企業システムが構築されていくことになる。

（3） 価値創造の原点―人とサービス行為

また，先の価値所与と価値共創の最も大きな違いは，それらの行為者の「数」にある。いうまでもなく，価値創造の行為者は企業と消費者であり，それを単独で行なう場合と協働で行なう場合に区分される。このうち，単独の場合は，企業単独と消費者単独があり，先の製品所与マーケティングは企業単独の例となる。また，共同による価値創造は，いうまでもなく企業と消費者による価値共創を指している。言い換えれば，企業単独による価値所与マーケティングに対峙するものとして企業と消費者の共同による価値共創マーケティングが位置づけられている。

ところで，上記における区分のうち，消費者単独による価値創造は，いわば自給自足の世界を考えることができる。しかし，自給自足の世界では，生産と消費，言い換えれば，企業と消費者は未分離であり，それ故，そこに取引は生じず，マーケティングの対象とはならなかった。ところが，価値創造という視点からすれば，すべての起点は，生産と消費が未分離の「人」にあるのであり，人が価値創造を単独で行なうのがこの自給自足の世界なのである。そして，人が価値創造を外に求めた時，生産と消費は分離し，企業と消費者の取引関係が生まれたといえる。

何れにせよ，ここで重要なのは，人による価値創造そのものにある。そして，それは，一種のサービス行為といえるのであり，そのことに注目するなら，これまでのように製品マーケティングとの対峙からサービス・マーケティングを封じ込めるのではなく，むしろ，共創性を前面に押し出し，そこから新たなマーケティング論の基盤を求めることが重要となってくる。

（4）　価値共創―誰の価値を共創するのか

そして，ここで確認しておきたいのが，これまで議論してきた価値共創における価値とは一体誰の価値かということである。価値共創とは，実に美しい言葉である。しかし，現実的な課題は何も解決されておらず，その方向性さえ示されていない。すなわち，企業と消費者が価値を共創するという局面で，企業が企業の価値を追求し，消費者が消費者の価値を追求するとするなら，その調整はどのように行なわれるのか。共創の場で，両者は折り合いのつく相手を相互に見つけろというのか。端的にいうなら，市場メカニズムに委ねろというのか。そうであれば，これまで示してきた価値共創には何ら意味はない。ところで，上原征彦は，いわゆる製販同盟を協働型マーケティングの事例のひとつとして解釈しているが[24)]，製販同盟の先駆的事例として有名なP&Gとウォルマートは，その後，同盟関係を解消している。察するところによれば，それぞれが，互いに利益にならないと判断したからだろう。すなわち，自己利益の追求による win-win 関係というのは，一時的にしか成立しないのである。

しかし，少なくとも，マーケティングにこうした問題は存在しない。何故なら，マーケティングにとって，価値共創における価値とは，消費者の価値であり，その決定権はまさに消費者にあるからである。そして，その意味において，共創関係を崩壊させることは有り得ないのである。改めるまでもなく，すべての経済活動は，唯一，人間たる消費者のために行なわれるのである。

（5）　企業のマーケティング・オプション

それでは，以上のことを踏まえるなら，企業がその思いとして消費者あるいは顧客に向けられる市場創造のためのマーケティングには，どのようなオプションが考えられるだろうか。それは，顧客あるいは消費者の「意志と能力」に大きく依存する。すなわち，顧客あるいは消費者が企業との取引を円滑に行なおうとする「意志」とそのことを達成するために必要な「能力」である。

さて，これまでの議論から，マーケティングは価値共創マーケティングと価値所与マーケティングに二分される。そして，価値共創マーケティングは，繰り返すまでもなく，企業と顧客による協働によって顧客価値が追求される（図表7-2参照）。したがって，この共創に耐え得るだけの強い意志と高い能力を顧客がもつ場合には，価値共創マーケティングは成立する（Ⅱ型）。しかし，この共創に対応できる顧客はそれほど多いわけではない。むしろ，価値所与マーケティングの展開が相応しい場合もある。たとえば，消費者に強い意志はあるが能力が低ければ，企業は水先案内人となるべきマーケティングの実施が望まれる（Ⅲ型）。逆に，能力は高くても弱い意志しかもたない消費者には，動機付

図表7-2　顧客の意志・能力とマーケティング

		意志	
		強	弱
能力	高	Ⅱ	Ⅰ
	低	Ⅲ	Ⅳ

図表７-３　市場創造のためのマーケティング・オプション

価値共創マーケティング	—	共創型マーケティング
価値所与マーケティング	—	コンシェルジュ型マーケティング モチベーション型マーケティング 提案型マーケティング

けるマーケティングを展開することになる（Ⅰ型）。さらに，意志も弱く能力も低い消費者に対しては，積極的な提案を企業は行なう必要がある（Ⅳ型）。

以上みてきたように，本章では，企業・消費者（顧客）関係と市場創造いう視点から議論が展開され，マーケティングの新たな区分として，価値共創マーケティングと価値所与マーケティングの２つが提示された。また，マーケティングは，顧客の「意志と能力」に応じた展開が求められるが，そこで示しうるマーケティング・オプションには，共創型マーケティング，そして，コンシェルジュ型マーケティング，モチベーション型マーケティング，提案型マーケティングの４つがある（図表７-３参照）。

そこで，以下の章においては，こうした指摘を踏まえながら，本書の第１部で抽出されたマーケティング要素である市場創造と統合のうち，後者の統合を，内部統合（４Ｐ，経営諸機能，戦略レベル，マネジメント・プロセス，企業文化とマーケティング）と外部統合（企業間）からなるものと理解して議論していく。

３．S-D ロジックと企業・顧客間関係

ところで，先に上原征彦の協働型マーケティングについて触れたが，そこに描かれていたのは，まさに本書がいう製品共創マーケティングである。さらに，本書ではサービス・マーケティングの本質は企業と消費者によるの価値の創造，すなわち，共創性にあるとし，この共創性の視点から，製品共創マーケティングとサービス共創マーケティングを一括して価値共創マーケティングと呼んだ。一方，製品共創マーケティングの成立要件として，消費者の「意志と

能力」という点での自立性をあげたが，それは，価値共創マーケティングにも等しく充当する。ところで，これまでの議論において消費者と顧客という用語を相互に使ってきたが，こうした共創の世界では，マーケティングの対象は，まさに目の前の特定された存在にあるのであり，その意味で，抽象的な消費者というより，より具体的な顧客という表現の方が適切なのである。

さて，最近，米国におけるマーケティング研究において新しい考え方が示され，盛んに議論されている。いわゆるS-Dロジック（Service-Dominant logic）である。この議論は，バーゴ＝ラッシュ（S. L. Vargo and R. F. Lusch）によるEvolving to a New Dominant Logic for Marketingなる論文が，*Journal of Marketing*の2004年1月号に掲載されたことから始まった[25)]。そこで，本章におけるこれまでの議論と関連づけてこのS-Dロジックについて考えることにする。そのためには，サービスとサービシィーズ，オペラントとオペランドの区別が重要となる。

前述のように，これまでのマーケティングは，製品マーケティングとサービス・マーケティングからなったが，その際のアウトプットの製品に対峙するのが，バーゴ＝ラッシュによれば，サービシィーズ（services）である。初期のサービス・マーケティング研究は，サービスと製品の差異を明らかにすることに努力の焦点があったが，S-Dロジックによれば，それは，サービシィーズの解明だったのであり，サービシィーズ・マーケティングだったのである。一方，アウトプットが製品であるマーケティング（本章でいう製品マーケティング）には，G-Dロジック（Goods-Dominant logic）なる用語がバーゴ＝ラッシュによってあてがわれている。

次に，サービス（service）は，S-Dロジックにおいては，操作するオペラント資源たるナレッジとスキルの適用とされ，そのことは，サービスが行為でありプロセスであることに基づいている。したがって，このS-Dロジックは，製品とサービシィーズをアウトプットとするこれまでのマーケティングを統合する上位概念ということになる。そして，前述したように，上原は操作型マーケティングと協働型マーケティングを区別したが，そこで最も重要なことは，前者においては，顧客が企業によって操作される対象だったことである。しかし，後者，すなわち，協働型マーケティングでは，企業と顧客は協働するのであり，価値共創の主体者として顧客は位置づけられる。以上のことを，G-D ロジックでいうなら，顧客は操作されるオペランド資源となり，S-D ロジックでいうなら，操作するオペラント資源として顧客は理解される。

すなわち，S-D ロジックは，人間行為の根源にまで遡ってサービスを捉えるものであり，これまでのような生産ではなくサービスを中心とした経済，また，企業ではなく顧客を中心とした世界観を示するものである。バーゴ＝ラッシュによって始められたこの議論は，現在，多くの研究者の参加が得られ，大方の理解が得られつつある。

そして，このS-D ロジックは，本章におけるこれまでの主張，すなわち，企業による操作性の排除という点で共通しており，企業と消費者あるいは顧客との関係を規定する際の重要な理論的根拠となる可能性は極めて高いといえる。端的にいえば，それは，先に触れたように，人間による価値創造をサービス行為として捉えるものであり，従って，企業と顧客の関係についてみれば，それはすべてが価値共創ということになり，これまでの議論を包括することが可能なのである。ということは，先に区分した価値共創マーケティングも価値所与マーケティングも，実は，すべて価値共創マーケティングのもとで括られることになる。この点については，今後の研究に委ねたい。

注

1）　嶋口充輝『顧客満足型マーケティングの構図―新しい企業成長の論理を求めて』有斐閣，1994年，175～180ページ。

2）　上原征彦『マーケティング戦略論』有斐閣，1999年，279ページ。

3）　F. W. Tayor, *The Principles of Scientific Management*, Harper & Brothers Publishers, 1911. 上野陽一訳・編『科学的管理法 < 新版 >』産業能率短期大学出版部，1969年。

4）　A. W. Shaw, *Some Problems in Market Distribution*, Harvard University Press, 1915. これは，ショーによる同名の論文 “Some Problems in Market Distribution,” *Quarterly Journal of Economics*, Vol. 26, August, 1912に The Nature and Relations of Activities　という第1章を加えたものである。邦訳としては，伊藤康雄・水野裕正訳『市場配給の若干の問題点』文眞堂，1975年，丹下博文訳『市場流通に関する諸問題』白桃書房，1992年がある。詳細については，マーケティング史研究会編『マーケティング学説史―アメリカ編』同文舘出版，1993年を参照のこと。

5）　レビットがマーケティング・マイオピア論を最初し示したのは文献①であるが，それ以外の文献でも触れることができる。

①T. Levitt, “Marketing Myopia,” *Harvard Business Review*, Vol. 38, July-August,

1960.

② T. Levitt, *Innovation in Marketing : New Perspectives for Profit and Growth,* McGraw-Hill, 1962, p. 55. 小池和子訳『マーケティングの革新＝企業成長への新視点』ダイヤモンド社，1963年。土岐　坤訳『マーケティングの革新＝来戦略の新視点』ダイヤモンド社，1983年。

③ E. J. Kelley and W. Lazer eds., *Managerial Marketing, 3rd ed.*, Richard D. Irwin, 1967. 片岡一郎・村田昭治・貝瀬勝共訳『マネジリアル・マーケティング上』丸善，1969年。

④ 『DIYAMOND ハーバード・ビジネス・レビュー』（T. レビットのマーケティング論特集号），ダイヤモンド社，2001年11月。

6） A. R. Oxenfeldt, "The Formulation of a Market Strategy," in E. J. Kelly and W. Lazer eds., *Managerial Marketing: Perspectives and Viewpoints*, Richard D. Irwin, 1958.

7） P. Kotler, *Marketing Management: Analysis,Planning,and Control*, Prentice-Hall, Inc., 1967. 稲川和男・竹内一樹・中村元一・野々口格三共訳『マーケティング・マネジメント（上)』鹿島出版会，1971年。

8） M. E. Porter, *Competitive Strategy*, The Free Press, 1980. 土岐　坤・中辻萬治・服部昭夫訳『競争の戦略』ダイヤモンド社，1982年。

9） W. Lazer and E. J. Kelley eds., *Social Marketing: Perspectives and Viewpoints*, Richard D. Irwin, 1973.

10） 矢作敏行・小川孔輔・吉田健二共著『生・販統合マーケティング・システム』白桃書房，1993年，67ページ。

11） こうした製品所与の考え方が，いわゆる産業区分でいう工業と商業を分けてきたのであり，そのことと，これまでの流通研究が，工業・生産による商業・流通関与あるいは商業・流通による工業・生産関与といういわば工業・生産と商業・流通の区分と対峙の上に成立してきたことと無縁ではない。しかし，こうした工業・生産との区分や対峙という前提のもとでは，今後，新しい商業・流通研究は生まれないだろう。

12） B. J. Pine II and J. H. Gilmore, *The Experience Economy*, Strategic Horizons LLP, 1999. 岡本慶一・小高尚子訳『新訳　経験経済―脱コモディティ化のマーケティング戦略』ダイヤモンド社，2005年。

13） B. H. Schmit, *Customer Experience Management*, John Wiley & Sons, Inc., 2003. 嶋村和恵・広瀬盛一訳『経験価値マネジメント―マーケティングは，製品からエクスペリエンスへ』，ダイヤモンド社，2004年。ただし，サービスに関していえばこの限りではない。すなわち，生産と消費が同時に行なわれるからであり，それは，いわば価値創造プロセスそのものだからである。

14） たとえば，P. Kotler and G. Armstrong, *Principles of Marketing*, Prentice-Hall International, 1991, pp. 252-254.

15） T. Levitt, *The Marketing Mode, Pathways to Corporate Growth*, McGraw-Hill, Inc., 1969, p. 5. 土岐坤訳『マーケティング発想法』ダイヤモンド社，1971年，９ページ。

16） *Ibid.*, p. 1（同上，３ページ）

17） P. Kotler and G. Armstrong, *op. cit.*, p. 8.

18) *Ibid.*, p. 118. ちなみに，最新のP. Kotler and K. L. Keller, *Marketing Management*, 13th ed., Peason Prentice-Hall, 2008, p. 9では，市場を購買者集合としている。

19) W. Alderson, *Dynamic Marketing Behavior*, Richard D. Irwin, 1965, pp. 27-28. 田村正紀・堀田一善・小島健司・池尾恭一訳『動態的マーケティング行動』千倉書房，1981年，34ページ。

20) 競争回避という点で，同じ考え方にある思われるのが，以下の文献である。W. C. Kim, and R. Mauborgne, *Blue Ocean Strategy：How to Create Uncontested Market Space and Make the Competition Irrelevant*, Harvard Business School Press, 2005. 有賀裕子訳『ブルー・オーシャン戦略』ランダムハウス講談社，2005年。

21) Lehmann. D. R. and Winer, R. S., *Analysis for Marketing Planning*, 6th ed., McGraw-Hill/Irwin, 2005, pp. 28-33.

22) A. Parasuraman, V. A. Zeithaml and L. L. Berry, "A Conceptual Model of Service Quality and Its Implication for Future Research," *Journal of Marketing*, Vol. 49, Fall, 1985.

23) P. Kotler and K. L. Keller, *Marketing Management*, 12th ed., Pearson Education, Inc., 2006, p. 402. 恩蔵直人監修月谷真紀訳『コトラー＆ケラーのマーケティング・マネジメント第12版』ピアソン・エデュケーション，2008年，498ページ。ただし，邦訳書では，performanceは行動と訳されている。

24) 上原征彦『マーケティング戦略論―実践パラダイムの再構築』有斐閣，1999年，249ページ。

25) S-Dロジックに関するの記述にあたっては，本文で紹介したものを含め，以下を参考にした。

① S. L. Vargo & R. F. Lusch, "Evolving to a New Dominant Logic for Marketing," *Journal of Marketing*, Vol. 68, January, 2004.

② R. F. Lusch and S. L. Vargo, eds., *The Service -Dominant Logic of Marketing: Dialog, Debate, and Directions*, M. E. Sharpe, Inc., 2006.

③ S. L. Vargo and R. F. Lusch, "Service-Dominant Logic：Continuing the Evolution," *Journal of the Academic Science*, Vol. 36 Spring, 2008.

また，わが国でも，最近，マーケティングジャーナル誌でこのS-Dロジックが紹介された。『マーケティングジャーナル』Vol. 27, No. 3, 2008.

第8章
マーケティングの企業内統合

これまで個々に指摘してきた4P，経営諸機能，戦略レベル，マネジメント・プロセスといったマーケティングにおける統合問題は，何れも，企業内において統合すべき諸問題ということができる。そして，その狙いがマーケティングの企業内部あるいは組織への関与にあるのはいうまでもない。マーケティングは企業と消費者の関係を規定するものだが，その有効性は，企業あるいは組織にマーケティングがどのように統合的に関与するかに依存すると考えられる。本章が扱うのは，まさにその問題である。

そこで，これまでに明らかにしてきた価値所与マーケティングと価値共創マーケティングを区分するという視点から，この問題について検討していく。

●第1節●　4Pの諸関係と統合的把握

1.　4Pの諸関係

マーケティング・ミックスの構築において，その構成要素である4Pのそれぞれは対等である。しかし，まず，製品が決まらなければ何も始まらない。価格，プロモーション，場所（チャネル）は，製品を側面から支えるものである。たとえば，第2章でみたように，ラック＝プレルは，製品戦略を中核戦略，価格戦略，プロモーション戦略，チャネル戦略を支持戦略と呼び，両者を明確に区分している[1)]。また，ダウニング（G. D. Downing）は，マーケティング戦略を基本的マーケティング戦略と機能的マーケティング戦略に区分し，前者に製品戦略，後者に価格戦略，プロモーション戦略，チャネル戦略を帰属させている[2)]。すなわち，4Pのうち製品と他ではその扱いは異なっているのであり，彼らのこうした見解を重視すべきである。

そして，このようにみてくると，4Pにあっては，何よりも製品を中心としてそれらの相互関係を明らかにする必要がある。その意味で，上原征彦の「最初に決められるべきPは製品……[3)]」というのは適切な指摘といえる。

しかし，この4Pにおける諸関係も，市場・競争環境によってその重点は異なってくる。たとえば，PLCの成熟段階では，競合製品間における製品差違は非常に少ないとされており，その場合には，残る3Pが重要となってくる。このように，4Pにおける諸関係の解明も一般論では処理できず，それは状況ごとに考えることが必要である。

ところで，以上の議論には前提がある。すなわち，それらはすべて価値所与マーケティングにおける議論だということである。考えてみれば，価値所与とする限り，たとえば，製品所与マーケティングであれば，まず最初に製品を取り上げるのは当然のことであるし，続いて，価格，プロモーション，チャネルが決定される。また，その後の状況の変化に応じて，4Pにおける重点も変わっていく。しかし，価値共創マーケティングの世界では必ずしもそうではない。価値は企業と消費者による共創であり，製品共創，サービス共創の何れの場合であっても，そこにおいて最も重要なものは，企業と消費者のコミュニケーションである。

さて，ここにコミュニケーションは，4Pでいうプロモーションとは異なり，企業と消費者の相互作用関係という点に特徴があり，特に，共創的経験価値が，共創プロセスの全域において関わっていることを考え合わせると，共創における企業と消費者のコミュニケーションは極めて重要な意味を持つことになる。そして，コミュニケーションを通じた共創の結果，そのアウトプットは，再び旧来的な言い方をすれば，形のある「製品」であったり，形のない「サービス」であったりするのである。すなわち，何れの場合も，4Pにおいて与えられているプロモーションの役割は，共創の世界では，すでにクリアされており，形ある「製品」であれば，次に価格とチャネルが検討される。一方，形のない「サービス」の場合は，生産と消費の同時性ということから，チャネル問題は基本的に存在せず，価格についての検討が中心となる。

このように，製品共創であろうがサービス共創であろうが，価値共創マーケティングの世界ではコミュニケーションが第一義となり，これまでのような価値所与マーケティングのもとでの4P 諸関係とは異なるものとなる。したがって，重要なことは，価値所与と価値共創を明確に区別するということにある。

2.　4Pの統合的把握

さて，価値所与，価値共創の何れのマーケティングにおいても，4P の生命線は，マーケティング・ミックスといわれるように，まさに組み合わせの妙にある。しかし，これまでの研究の焦点は，組み合わせそれ自体にはなく，4P の構成要素それぞれにあった。すなわち，マーケティング・ミックスあるいは4P に関する研究あるいは説明は，極めて個別的であった。

たとえば，典型的にはコトラーが分かり易い。彼は，1967年の初版以来，最新の13版（2008年）に至るまで，マーケティングの標準テキストとして世界的に評価される *Marketing Management* に，マーケティング・ミックスの構成要素として，製品，価格，プロモーション，場所，すなわち，4P をあげ，あたかも，それらが個々に標的市場に適合するかのような説明に終始してきた。しかし，本来，そこで提示すべきは，標的市場に向け，十分に考慮され，組み合わされた「ひとつの」マーケティング・ミックスなのである。こうしたことからすれば，コトラーに4P の統合的把握という視点をみることはできない。すなわち，これまでの多くのマーケティング研究者が研究対象とし，そして，論じてきたのは，あくまで4P の各論であって，それらの諸関係を明らかにしたり，さらには，それらを統合的に把握しようとするものではなかった。しかし，翻って考えるなら，伝統的なマーケティング・マネジメントが意図したのは，それまで別々に行なわれていたマーケティング諸活動をマネジメントの名のもとに統合的に把握することであったのであり，そのことからすれば，そうした試みは必ずしも成功したわけではなく，今日まで，それらの課題は延々と持ち越されてきたということになる。逆にいえば，個別的把握に止まることによって，マーケティング研究はその個別的進展を可能にしてきたと考えられる。

何れにせよ，以上の議論は，これまでのマーケティング研究における要素還元主義に対する反省を促すものであり，したがって，その克服には，4Pの最適組み合わせをいかに追求するかが重要となってくる。しかしながら，それを数理的に解くには煩雑な作業を伴うことも事実だろう。さらに，この4Pも価値所与マーケティングと価値共創マーケティングにおいては，それらの優先順位や構成が異なっている点も，マーケティング・ミックスとしての最適解を探求することを妨げることになる。

しかしながら，こうした考え方は，あくまで価値所与マーケティングの延長線上にあるに過ぎない。今日，価値共創マーケティングが注目されており，そのためには，まったく新たな視点から，この統合的把握の問題を考えるべきだろう。そして，その理由は，これまでの議論と異なる角度からも指摘することができる。

たとえば，レイザー＝ケリーによって，小売ミックスなる概念が1961年に提示されたのは周知の通りである[4)]。しかし，それは，いうまでもなくメーカー・マーケティングがいう4Pに強引に対応させたものである。より正確にいえば，製品を所与とした投機の原理に基づいたメーカー・マーケティングという発想のもとで，いわば出来上がった製品をチャネルの末端で消費者に引き渡す際の，小売企業にとって統制可能な要素に関するミックス論なのである。しかし，サービス経済化，情報化が進展する今日，小売企業は，顧客接点を有すサービス提供機関として新たに位置づけられるのであり，価値共創マーケティングの展開余地を多分に持ち合わせている。そうした小売企業に，これまでのようなメーカー・マーケティングの枠をあてはめるのは非常に酷なことである。すなわち，顧客との接点を制度的に唯一持ち合わせる小売企業は，ここに至っては，それが，顧客との価値共創の場となることを十分に認識すべきであり，メーカーあるいは他もそのことを正面から理解すべきである。そして，そこでは，もはやメーカー・マーケティングのいう4Pに組み込まれるのではなく，顧客との価値共創をどのように捉えるかということが最大の関心事となる。すなわち，4Pといういわば製品所与だけを想定するのではなく，むしろ，顧客接点を活かした製品共創，そして，サービス共創を包括する考え方が求められている。

さて，以上のことを先の議論に戻してみれば，「ひとつの」マーケティング・ミックスを捉え直すということである。要するに，「ひとつの」マーケティング・ミックスの概念化を図るということである。しかし，そのための糸口は，すでに我々は持ち合わせている。すなわち，前章では，消費者の購買行動目的は問題解決にあり，「ベネフィットの束」である価値の購入によって，それを達成するのだということを確認したが，「ひとつの」マーケティング・ミックスとは，そうした消費者の問題解決に対する解答を企業側から具体的に示したものなのである。すなわち，それは，価値の塊そのものなのである。いうまでもなく，そうした企業のアウトプットは，これまで述べてきたように価値所与と価値共創の両方において充当する考え方であり，特に，後者の場合は，企業と消費者によるコミュニケーションがすべてにおいて先行することになる。

そして，こうした考え方は，今日的なマーケティングを論じる際に極めて有意義だといえる。何故なら，それが，旧来的な意味での製品とサービスを包括する概念だからである。すなわち，消費者は唯一問題解決を企業のアウトプットに求めるからである。そして，そのアウトプット，すなわち，「ひとつの」マーケティング・ミックスは，これまでのような4Pとして具現化するのである。要するに，4Pが最初にあるのではなく，まず，消費者の問題解決という課題が先にあり，それに対して企業は何らかのアウトプットという形でそれに応じるのである。そして，それこそが，「ひとつの」マーケティング・ミックスなのである。4Pというのは，それをただ分解したものに過ぎない。

したがって，価値共創マーケティングにおいてこのことを考えれば，企業と消費者との共創において価値の内容が決まり，そのアウトプットに「形」の有無は関係ないのである。また，価値所与マーケティングでは，その価値が企業によって事前に決められ，アウトプットとして示されるのである。

●第2節●　マーケティング・他の経営機能間における諸関係と統合的把握

1.　マーケティング・他の経営機能間における諸関係

繰り返すまでもなく，マネジリアル・マーケティングあるいは戦略的マーケティングはマーケティングを中心とした企業経営の仕組みを考えるもので，いわばマーケティングの視点から他の経営諸機能を統合的に把握しようとするものである。それでは，こうした考え方は，その後，どのように展開されることになったのか。戦略的マーケティング論者のアサエルは，この問題を消費者を起点とした情報および意思決定の流れという視点から次のように説明している。[5)]

まず，マーケティング・リサーチは，新製品開発のためのアイディアをR&Dに提供し，R&Dは，製品の特性，ベネフィット，問題点に関するデータをマーケティングに提供する。この意味においてマーケティングとR&Dは，相互関係にある。また，マーケティングと製造の相互関係についてはどうか。製造設備の規模は，新製品，既存製品の販売高予測をもとに決定されなければならないし，逆にある製品の販売高がもたらす影響も製造スケジュールの調整のために予測されなければならない。さらに，マーケティング活動の遂行には，財務とのかかわりがある。たとえば，マーケティング成果目標の決定にあたっては，財務諸表や予算書が必要であり，新製品や既存製品に関する新たなマーケティング投資をする際，その原資を求めるにあたって財務市場の評価が必要である。また，代替的投資機会の評価にあたってはコスト計算が必要だし，既存製品のさまざまなマーケティング活動にも資源配分がなされなければならない。ここに，マーケティングと会計の相互関係をみることができるという。

一方，ウィルソン（T. Wilson）らはマーケティングを事業戦略の中心にすえ，戦略，製造，デザイン（製品開発），財務，予測法，情報技術，人的資源管理等との関係を明らかにし[6]，また，わが国の嶋口充輝も財務，技術・研究開発，人材開発，生産，組織とマーケティングの関係について言及している[7]。

そして，こうした考え方が，価値所与マーケティングの上に立っているのはいうまでもない。さらに，価値共創マーケティングにあっては，その舞台の中心が研究開発や製品開発にあるが，マーケティングと他の経営機能との諸関係という問題自体に代わりはない。すなわち，マーケティングを中心とした企業経営を考えるには，これまでのようなマーケティング内だけではなく，ここでみてきたように，企業内におけるマーケティングと他との関わりを明らかにしなくてはならない。その意味において，この問題に取り組もうとした上述の論者を評価する必要がある。ただし，それらにおいては，機能と部門の両視点が混在した形で「マーケティングと他」との関係が述べられている。そこで次に，この機能と部門という点に留意しながら議論を進めていく。

2.　マーケティングと研究開発の統合的把握

周知のように，ドラッカーは，事業の目的は顧客の創造にあり，それゆえにマーケティングとイノベーションという２つの基本的機能が重要だとしたが[8]，この指摘は極めて大きな意味をもつ。何故なら，事業における二大機能のひとつとしてマーケティングが挙げられているからである。巷間，マーケティングは，企業経営を構成する部分として理解される場合があるが，むしろ，マーケティングは，企業経営の根幹をなすものである。そして，本来なら，事業あるいは企業経営における中枢機能としてマーケティングが位置づけられれば十分であるが，それだけに見えにくく，これまで，不本意ながらも部門に落とし込まれ，そのことが逆にマーケティングを過小評価あるいは矮小化させてきた。

しかし，部門への落とし込みが避けられない現実において，ここで議論として取り上げたマーケティングと他の経営諸機能との関係，そして，その統合的把握という課題の解明は，むしろ，事業あるいは企業経営におけるマーケティング機能の本質的な理解に繋がるものと考えられる。そして，以上のように考え，マーケティングとイノベーションという二大機能を現実の事業あるいは企業経営における部門に充当させるとしたなら，それは，「マーケティング部門と研究開発部門」の関係となるだろう。

さて，平田透はイノベーションとマーケティングの関わりについて述べている[9)]。そこでは，イノベーションとマーケティングという機能レベルでの両者の関わりについての議論とそれらを実践の場に落とし込んだ場合の研究開発部門と営業・マーケティング部門の関わりについての議論が区別され展開されている。若干の紹介をするなら，彼は，イノベーションとマーケティングの機能のどちらが優位性をもつべきかというこれまでの議論を排除し，両者の統合的なマネジメントの必要性を説き，また，研究開発部門と営業・マーケティング部門の連携が知的財産部門の媒介によって進められている現状を示している。すなわち，機能レベルでの議論から始めて，それを具体的な部門レベルに落とし込み，議論を分かり易く展開している。ドラッカーのいう事業の二大機能であるマーケティングとイノベーションは，それを部門レベルに置き換えるなら，マーケティング・営業部門と研究開発部門がそれらに充当すると考えられる。要するに，マーケティングと他の経営諸機能の関係のうち，その機軸となるものマーケティング部門，研究開発部門であり，それらの統合的把握が求められているということである。また，本書が扱うコーポレート・マーケティングにおいて，企業と消費者との関係が何よりも優先的に考えられる必要があるが，そのことは，第7章において論じられてきた。そして，価値所与マーケティング，価値共創マーケティングの何れの展開を考える場合でも，価値の創造そのものと密接な関係をもつのは，現実的には研究開発や製品開発に関わる活動ということになる。

さて，先の議論に戻るなら，これら機能・部門の統合に関する研究は川上智子によって展開されている[10)]。それによれば，まず，マーケティング，研究開発，生産の3機能間におけるトライアド・インタフェイスが示される。続いて，アーバン＝ハウザー（G. L. Urban and J. R. Hauser）に基づき，それらの統合のための手段として，組織，個人，ツールの3つがあげられている[11)]。しかし，こうした分析枠組みはこれまで企業内における各部門の機能分化がその前提とされているとし，これからは楠木建[12)]のいう価値分化という考え方が重要になってくるという。すなわち，組織は顧客に提供する価値に基づいて分化するという視点であるが，それは，これまで述べてきた価値あるいは価値提供物の議論に通じるものがあると思われる。一方，川上自身の研究は，その後，バランス分化という概念の提示に繋がっていった。それは，「名目上は職能別に分化しつつも，キャリアやタスクの遂行の面で冗長性が認められる分化のあり方」と定義される[13)]。すなわち，統合するといっても，これまでの議論は米国企業を対象としており，職能別分化がなされたあとに部門間統合するという２段階モデルは，ジョブ・ローテーションや終身雇用制を特徴とする日本企業にあてはまらず，むしろ，日本企業では，分化した各部門の内部に統合の要素が内包されているというのである[14)]。この日米企業の差異に注目した指摘は，日米企業の統合の在り方が異なることを意味している。

このように，マーケティングと他の経営諸機能の統合的把握という問題は，それら諸関係を明らかにすることから始まるが，マーケティングは，部門ではなく，機能として捉えるべきだという立場からすれば，また，同じく，機能として重要なものがイノベーションとすれば，第１に，マーケティングと研究開発あるいは製品開発の関係を中心的に取り上げる必要があること，第２に，楠木のいう顧客に提供する価値によって組織は分化するという指摘は，マーケティングにとって重要であること。そして，第３に，日米企業では統合の在り方が異なるという川上の指摘も，こうした面での研究のひとつの方向性を明らかにしているといえる。

第３節　戦略レベル間関係と統合的把握

1.　戦略レベルの諸関係

企業は，事業という視点からみれば，単一事業企業と複数事業企業の２つに区分される。そして，前者は企業（＝事業）―製品，後者は企業―事業―製品といった組織構造を認識することができる。そして，マネジリアル・マーケティングが想定したのは，まさに前者の単一事業企業であり，その後の，いわゆる経営多角化の隆盛によって複数事業企業の組織構造に焦点がおかれるようになったのである。一方で，この経営多角化は，事業構造の複雑化を招くことにもなり，そのために新たにSBUという概念が提示されることとなったのは周知のとおりである。また，こうした組織構造は，これまでみてきたような社内におけるそればかりではなく，持ち株会社制度が導入されている場合は，社外における組織構造についても目を向ける必要がある。すなわち，これまでの事業を子会社化し，持ち株会社に戦略機能をもたせる場合である。

何れにせよ，企業，事業，製品の各レベルで構築される戦略に相違があるのはいうまでもない。そして，伝統的マーケティング・マネジメントが製品レベルの戦略を，企業，事業レベルの戦略を戦略的マーケティングが担うとされてきた。しかし，すでに述べてきたように，これまで，製品レベルのマーケティングのもとで4Pあるいはマーケティング・ミックスが議論されてきただけであり，それを，マーケティングの理解の基づき，企業，事業といったレベルに引き上げる必要がある。また，同時に，それは，企業，事業から，具体的な製品レベルに引き下げることを意味している。

2.　戦略レベルの統合的把握

すでに，戦略的マーケティングとマーケティング・マネジメントの相違と両者の垂直的な相互関係は明示されている。今後は，この方向でのさらなる研究が望まれるが，この問題は，結局，企業経営におけるすべての戦略レベルの相互関係を明らかにすることであり，それをマーケティングの視点から構造的に把握するということである。

さて，パーク＝ザルトマン（C. W. Park and G. Zaltman）は，化粧品メーカーを想定し，マーケティングの視点から，使命，目標，目的からみた企業，事業，製品レベル間における戦略の相互関係について述べており，それらの要点は，次表のようにまとめられる[15]。

図表8-1　戦略レベル間の相互関係（例：化粧品メーカー）

トップダウンの視点
①企業戦略—企業使命は，個人美を高める方法の提供にある。この達成のために，それと一貫性のある事業目標をもったフェイシャルケア事業，ヘアケア事業，ボディケア事業という3つの事業の展開。 ↓ ②事業戦略—たとえば，フェイシャルケア事業では，目標をフェイシャル美を高める方法の提供におき，それと一貫性をもったマスカラ，アイシャドー，フェイシャルクリームといった製品群の立ち上げ。 ↓ ③製品戦略—たとえば，マスカラという製品では，目標を洗練された風貌となるための方法の提供におき，製品，流通，プロモーション，価格からなるマーケティング・ミックスとの一貫性の確保。
ボトムアップの視点
①製品戦略—4P 間の相補性，それを踏まえた製品コンセプトの認識。 ↓ ②事業戦略—各製品間の相補性，それを踏まえた事業目標の認識。 ↓ ③企業戦略—各事業間の相補性，それを踏まえた企業使命の認識。

出所：C. W. Park and G. Zaltman, *Marketing Management*, The Dryden Press, 1987, pp. 34-37を要約して作成。

いうまでもなく，これは，価値所与マーケティングのもとでの戦略レベルの相互関係を示したものであり，価値共創マーケティングは想定されていない。しかし，製品を媒介としながらも，マーケティングの視点から，戦略レベル間の相互関係が明確に示されている。こうした，各戦略レベルにおける相互関係の詳細な解明は，戦略問題を考える場合に極めて重要となってくる。そして，戦略レベル全体の構造的把握と上述のマーケティングによる他の経営諸機能の把握とが一体化されることにより，マネジリアル・マーケティングあるいは戦略的マーケティングの論理体系の整備が一層進むものと考えられる。

ところで，ここで想定された化粧品メーカーの使命は，個人美を高める方法の提供であるが，パーク＝ザルトマンが，レブロンの「夢を売る」という企業理念あるいは使命を意識したかどうかはわからないが，それは，消費者の美に対する問題解決のためにベネフィット，期待を買うということに対応している。さらに，そのベネフィット，期待というのは，コトラーがいった製品3階層論でいう製品の核にあたるものである。すなわち，重要なことは，企業，事業レベルが扱うのは，消費者の問題解決そのものなのであり，それは，価値の塊という形でいい表せるのである。言い換えれば，企業使命と製品の核は相通じているのであり，その意味からも，マーケティングの視点から，企業の戦略構造は説明が可能なのである。そして，そのアウトプットが，製品レベルの戦略で具体化された，すなわち，先ほど議論した4Pあるいはマーケティング・ミックスなのである。

そして，この価値所与の議論を乗り越え，さらに，価値共創という点についても考えるなら，こうした戦略構造のもとで，価値共創の場とされるのは，いうまでもなく，製品レベル，言い換えれば，顧客との直接的な接点を有す「現場」なのであり，そこでの，マネジメント，戦略が重要となってくる。

●第4節●　マネジメント・プロセスの諸関係と統合的把握

1.　マネジメント・プロセスの諸関係

マーケティングは，プロセス・スクールのマネジメント概念を取り込むことでマーケティング・マネジメントとして体系化され，今日に至っている。

しかし，1980年代の戦略的マーケティングの台頭は，それまでの伝統的なマーケティング・マネジメントが，計画中心のマネジメントだったことへの反省が込められている。そもそも，70年代は，閉塞した経済のもとで，限られた経営資源をどのように有効に配分するかに経営の最大の関心があり，いわゆるMBAを中心とした戦略スタッフによって，戦略が策定され，あるいはマネジメントが計画されるといった，まさにトップダウン型経営の時代だったのである。

確かに，マネジメント・プロセスにおける実施は，計画に基づいてなされるのであり，計画がなければ統制・評価は不可能である。その意味で，計画はマネジメント・プロセスの有効性を考える上で極めて重要といえるが，問題は，どのように計画を立てるか，あるいは戦略を策定するか，というところにある。

当時，戦略論は科学化志向が強く，また，MBAが駆使した戦略手法はPPMであり，そこから導き出された戦略あるいは計画は，分析麻痺症候群と揶揄されたように，現場知らずの机上論としての性格を多分にもっていた。ところが，80年代のマーケティングに求められたのは，新たな産業，市場，製品の創造であり，その遂行には，マーケティングおける戦略レベルを製品から企業・事業へと，また，マネジメント・レベルをミドルからトップへとシフトさせることが不可欠であったのであり，そこに成立したのが戦略的マーケティングであった。しかし，マネジリアル・マーケティングの再現ともいえるこの戦略的マーケティングは，一方で，伝統的なマーケティング・マネジメントが抱えていたマネジメント・プロセスの非完結性をどう克服するかという課題を引きずっていた。また，マネジリアル・マーケティングにしても戦略的マーケティングにしても，マーケティング中心の経営には，マーケティング・マインドが組織全体に浸透する必要があったのであり，マネジメントおよび戦略レベルの上位化と同時に下位レベルでの実体化が求められていた。

そして，その実体化が，消費者，顧客との直接的なコミュニケーションを伴い，そのことが，新たな産業，市場，製品の創造を可能にすることに繋がることを意味していたのである。すなわち，こうした実施・統制の実体化，現場の重視によってマネジメントの完結性が確保されることになったのである。しかし，こうした議論は，先にあげた川上の指摘，すなわち，日本企業の特性という問題を考慮する必要がある。というのも，日本企業は，優れた現場のマネジメントに特徴があるからである。また，こうした，現場の注視は，補論にあるようにミンツバーク（H. Mintzberg）の創発型戦略論の提示と時を同じくしているのも興味深い。

2.　マネジメント・プロセスの統合的把握

さて，マーケティングにおける戦略およびマネジメント・レベルの上位化と下位における実体化が同時に進行するなかで，こうした動きとは関係なく，新たな研究領域として先にみたサービス・マーケティングが現れた。結論的にいえば，サービス・マーケティング研究の台頭は，マーケティングにおける現場重視の研究に繋がっていった。

すなわち，サービス・マーケティングの出現は，1980年代におけるマーケティング研究の新たな流れのうち，戦略およびマネジメント・レベルにおける下位の実体化を一層促進することになった。要するに，サービスにおける生産と消費の同時性が消費者との接点において進行するということから，現場に視点をおいたマーケティング研究を加速させることになったのである。そして，それは，いわゆる権限委譲を伴い，計画偏重から実施・統制を重視したマネジメントの考え方を広くマーケティング研究にもたらすことになった。特に，価値共創マーケティングが認識されると，マーケティングの発想は，まさに，顧客起点となり，そこから，マネジメント・プロセスが起動し，また，戦略が策定されるという新しいマーケティングの展開を受け入れる必要がある。さて，これまで実施・統制と一括りしてきたが，考えてみれば，実施については，これまで十分に理論的視野から議論され，そして，実践されてきた。しかし，統制の問題を正面から取り上げる研究は，ほとんどなかった。今後は，計画，実施，統制のバランス良いプロセス理解のためにも，統制に関する研究を推進する必要がある。

注

1）　D. J. Luck and A. E. Prell, *Market Strategy*, Appleton-Century, 1968, p. 41.
2）　G. D. Downing, *Basic Marketing : A Strategic Systems Approach*, Charles E. Merrill, 1971.
3）　上原征彦『マーケティング戦略論』有斐閣，1999年，91ページ。
4）　W. Lazer and E. J. Kelly, "The Retailing Mix : Planning and Management," *Journal of Marketing*, Vol. 37, No. 1, 1961, p. 38. ここで，小売ミックスは，商品およびサービスのミックス，フィジカル・ディストリビューション・ミックス，コミュニ

ケーション・ミックスからなるとされている。

5）H. Assael, *Marketing Management : Strategy and Action*, Kent, 1985, pp. 570-572.

6）T. Wilson. ed., *Marketing Interface : Expliring the Marketing and Business Relationship*, Pitman, 1994.

7）嶋口充輝『顧客満足型マーケティングの構図—新しい企業成長の論理を求めて』有斐閣，1994年，175～180ページ。

8）P. F. Drucker, *The Practice of Management*, Harper & Brothers Publishers, 1954. 野田一夫監修，現代経営研究会訳『現代の経営』自由国民社，1956年。

9）平田透「イノベーションとマーケティング戦略」野中郁次郎編『イノベーションとベンチャー企業』八千代出版，2002年。

10）川上智子「マーケティング・R&D・生産の部門分化と統合」石井淳蔵編『マーケティング』八千代出版，2001年。

11）G. L. Urban and J. R. Hauser, *Design and Marketing of New Products*, 2nd ed., Prentice-Hall, 1993.

12）楠木建「価値分化と制約条件：コンセプト創造の組織論」一橋大学イノベーション研究センター編『知識とイノベーション』東洋経済新報社，2001年。

13）川上智子『顧客志向の新製品開発—マーケティングと技術のインタフェイス』有斐閣，2005年，173ページ。

14）同上，172～173ページ。

15）C. W. Park and G. Zaltman, *Marketing Management*, The Dryden Press, 1987, pp. 34-37.

第9章 マーケティングの企業間統合

前章までにおいて，企業と消費者の関係構築についての議論がなされ，そのもとで，4P，経営諸機能，戦略レベル，マネジメント・プロセスといった企業内統合に関する問題について検討した。すなわち，企業と消費者の関係に規定され，内部的に統合された企業の姿が提示された。しかし，企業と消費者の関係を構築し，それを維持するには，そうした内部統合に止まらず，外部統合，言い換えれば，企業間統合という問題にも関わざるを得ない。

本章では，ミクロ・マーケティングとマクロ・マーケティングの相互関係という視点から議論を切り出し，そのことと深く関連する製販同盟を再考することで，最終的に，マーケティングにおける企業間統合について考える。

●第1節● ミクロ・マクロ関係と統合的把握

1. ミクロ・マクロの関係

これまで，マーケティングの視点から，その統合問題にアプローチしてきたが，ここでは，マーケティングにおけるミクロとマクロの関わりについて考えていく。いうまでもなく，ミクロとは直接的にはマーケティングをいうのであり，そのマーケティングにとってマクロとは，一義的には流通を指している。すなわち，ここで問題とするのはミクロとしてのマーケティングとマクロとしての流通の統合問題である。

そして，ミクロとマクロの関係を現実の局面においてみるならば，企業のミクロ的な行為としてのマーケティングは，マクロとしての流通を前提とし展開され，また，マクロとしての流通は，そうしたミクロ的なマーケティングの結果を総体的に表していることになる。つまり，両者は相互関係にある。そこで以下，ミクロの意味でマーケティング，マクロの意味で流通という語を用いることとする。

さて，以上のように考えるならば，マーケティングと流通の統合的な把握とその理解が必要となってくるが，残念ながら，これまでの研究の多くは，マーケティングと流通を個別に扱ってきており，両者の相互関係を意識的に把握することはなされていない。むしろ，両者は互いを排除しながら研究がなされてきた。ここに新たにミクロとマクロの統合問題を考える意義がある。

しかしながら，すでにこの問題を解決するための糸口は存在している。それは，マーケティング論，流通論の双方に内在するものであり，むしろ，これまで両者は相互に関連していたにもかかわらず，十分に検討されてこなかったに過ぎない。

それによれば，まず，第1にマーケティング・マネジメントは，マーケティング・マネジャーにとって統制不可能要因として流通構造を位置づけてきた。すなわち，マーケティング・マネジャーにとって流通は与件である。しかし，市場創造を本質とするマーケティングが流通を静態的にのみ把握するというのは，必ずしも現実的ではない。むしろ，マーケティングは，流通を与件としながらも，いかに動態的プロセスに取り込むかに理論的にも実践的にもこれまで努力してきたのである。そのことは，マーケティング意思決定としてのチャネル政策あるいは戦略をみても理解できる。第2に，流通論では，そうしたミクロ行為に影響を与える要因として，また，その結果としての流通を分析対象としてきたのであり，両者は相互に関係しているのである。

ところで，その後のマーケティングあるいは流通において最も顕著なことは，伝統的マーケティング・チャネルあるいは流通経路から垂直的マーケティング・システムあるいは垂直的流通システムへと移行したことにある。すなわち，メーカー，卸売業，小売業が個別に行動するのではなく，統制されたシステムとして行動するようになったのであり，それを垂直的マーケティング・システムあるいは垂直的流通システムと呼んだ。そして，垂直的マーケティング・システムの構築にあたって，マーケティングは流通を与件とするものの，その流通が，垂直的流通システムとして特徴づけられているのである。すなわち，ここにおいて流通はマーケティング統制の対象なのである。

そして，ミクロとしてのマーケティングとマクロとしての流通は，垂直的マーケティング・システムと垂直的流通システムという形で相互作用の関係にあるといえる。

このようにマーケティング・チャネルあるいは流通経路の問題を皮切りとして，ミクロとしてのマーケティングとマクロとしての流通の統合的把握は可能といえる。

2.　ミクロ・マクロの統合的把握(1)
―製販同盟と統合問題―

繰り返すなら，マーケティングにおけるミクロとマクロの関係は，垂直的マーケティング・システムと垂直的流通システムといういわば表裏の関係と代替することができ，両者は相互関係にある。すなわち，ミクロ・マーケティングによる垂直的マーケティング・システムの構築は，マクロ・マーケティングとしての流通を所与としながら為されるのであり，その結果，垂直的流通システムが構造的にもたらされるのである。

さて，垂直的マーケティング・システムは，ミクロ行為によって構築されるが，典型的には，メーカーによる卸売業，小売業への統合的な関与を意味しており，これをマクロ的にいえば，生産による流通への関与ということになる。ところで，この生産と流通という垂直的な関係については，いわゆる製販同盟という事象が存在し，これまで，いくつかの議論が展開されてきた。そこで以下，この製販同盟を取り上げ[1)]，その本質を明らかにし，本書が述べてきた統合問題との関係について検討する。

周知のように，製販同盟の先駆的事例は，1987年のP&Gとウォルマートによるものである。また，わが国でも，1994年に味の素とダイエーの低価格食品に関する包括的提携の合意が『日本経済新聞』（1月16日）で取り上げられ，そこでは，これまでのメーカーと小売業間の対立と緊張の関係から，両者が商品の共同開発や経営情報の共有化などを柱に戦略的な提携関係を結ぶ製販同盟が相次いでいると紹介された。すなわち，製販同盟は，企業間における戦略的な提携のひとつのタイプであり，この場合は，メーカーと小売業者というまさに垂直的な同盟をいう。そして，この製販同盟は，大きく商品開発型と流通コスト削減型に二分され，それぞれ，包括的戦略提携と機能的戦略提携といわれているが[2)]，ここでは，それらを包括的製販同盟と機能的製販同盟と呼ぶ。さて，前者の包括的製販同盟は，販売情報の分析から商品開発を行なうものであり，小売企業側からすれば，これにより独自のPB商品を獲得でき，メーカー側は，操業度を高めることができる。一方，機能的製販同盟は，販売情報，在庫情報を共有化し，効率的な生産と販売，物流を実現しよとするものである。

それでは，何故，こうした製販同盟が台頭することになったのか。渡辺達朗は，製販同盟が台頭することになった背景として，小売企業の上位集中化と販売依存度の増大，トレード・プロモーション（流通業者向け販売促進）のコスト対効果の悪化，オペレーション効率の悪化，の３つをあげている[3)]。すなわち，メーカー側からみて，有力小売企業の脅威を回避し，流通業者向け販売促進コストを押さえ込み，また，小売企業側からみて，仕入れ先たるメーカーとの交渉コストを削減する，という必要があったからだという。要するに，これら諸問題を克服するために，これまでのような対立概念に基づかない新たな関係として製販同盟が結ばれたということになる。

一方，上原征彦は，製販同盟が台頭した背景には，情報化の進展があるとし，次のように説明している。すなわち，情報化によって，メーカーは流通業者に在庫調整機能を期待するのではなく，小売店頭で品揃えされるべき製品在庫の確定とその補充にあわせて，自らが生産・製造を弾力的に調整せざるをえなくなる[4)]。そして，このような形で流通と生産・製造の一体化が進むと，メーカーの特定製品カテゴリー知識と専門消費知識，そして，流通業者の品揃え知識と専門的購買知識を補完し合う形で，双方が効率性と有効性を高めるための目標志向のひとつである製販同盟を結ぶとしている[5)]。

さて，この製販同盟は，メーカーと小売業者，生産と流通の両者が，いわば協調的関係にあることがその最大の特徴となっている。生産と流通に関するそれまでの議論では，両者は対峙するものとして捉えられてきたが，そのことからすると，これは，極めて画期的であるといわざるを得ない。というのも，たとえば，先に述べた垂直的マーケティング・システムは，主として，メーカーがそのパワーを行使することで卸売企業や小売企業をといった商業をコントロールする仕組みであったが，製販同盟における当事者間関係はあくまで対等であり，そこにこそ，主張すべき大きな論点があるからである。また，この製販同盟に対して，上原征彦は，それは，これまでのような操作型マーケティングではなく，新たな協働型マーケティングの展開事例にあたるとしており[6)]，双方が協調的関係のもとで協働することが強調されている。

それでは，この製販同盟は，具体的にどのような展開をみせたのか。たとえば，P&Gとウォルマートの製販同盟では，両者の間でPOSデータが交わされ，それによってP&Gの生産計画とウォルマートの在庫計画をより効率化させようとした。まさに製と販の垂直的なwin-win関係そのものにこの製販同盟の特徴がある。しかしながら，この関係も，機能的製販同盟から包括的製販同盟の段階に移行するなかで，その後，対立的な関係となったという[7)]。そして，ここで重要なことは，その目的たる効率達成（機能的製販同盟）と商品開発（包括的製販同盟）そのものの違いではなく，対立関係が生じたということそれ自体にある。すなわち，win-win関係というのは，「製」たるメーカーと「販」たる小売業者あるいは生産と流通が対峙するという背景のもとで，両者がそれぞれの利益を追求するなかで，いわば偶然に生まれた時限的なものに過ぎない。その意味において，製販同盟は，実は極めて脆い関係なのである。そして，前述したように，上原はこうした関係（製販同盟）を協働型マーケティングとして捉えたが，もし，そうであるなら，彼のいう協働型マーケティングにも同様の脆さが内包されていることになる。そのことに敢えて異論を唱えることはしないが，少なくとも，本書が第7章で明らかにした価値共創マーケティングにおける価値とは，顧客価値であり，その意味で企業と消費者が対立することで共創関係が崩壊することはあり得ない。協働型マーケティングと製販同盟の論理が同じなら，本書がいう価値共創マーケティングと協働型マーケティングは，まったく異なるものといわざるを得ない。

さて，本論に戻ろう。それでは，この製販同盟を統合という視点からみたらどのように理解できるのか。もともと，マーケティング論や流通論でいう統合には，そこに必ず主体の意図が背景として存在している。本書においても，同様の意味をもつものとして統合という語を用いてきた。また，さまざまな統合問題をどのように克服するかの道筋を考えることが本書の主題であった。

ここで取り上げた製販同盟は，製と販の垂直的関係を表し，繰り返すが，それは，ミクロにおいては垂直的マーケティング・システム，マクロにおいては垂直的流通システムの問題であり，両者は相互関係にある。そして，何れの場合にも，そこには，主体的意図が存在している。たとえば，垂直的マーケティング・システムにおいては，誰がそれを主導するかが常に問われてきており，一般的には，メーカー主導型，卸売企業主導型，小売企業主導型に区分されてきた。また，垂直的流通システムも，多くは生産による流通への関与を取り上げてきた。

一方，製販同盟は，主体同士による同盟であり，そこにwin-win関係が成立しなければ，先のP&Gとウォルマートのように容易に関係は解消されるのである。そのことを逆にいえば，製販同盟は，まさに，双方の主体性が確保されているということになる。このように考えるなら，製販同盟に統合という概念は馴染まないということになる。その意味からして，製販同盟は，決して，製販統合ではないのである。たとえば，ウェブスター(F. E. Webster, Jr.)[8)] は，戦略的同盟を売り手と買い手によるパートナーシップの進展したものとしてしているが，そこには，主体的な両者が存在している。一方，垂直的統合についてはひとつのシステムとしてそれを捉えており，そうである以上，そこには，必ずリーダーが存在することになる。垂直的マーケティング・システムでいえば，それがチャネル・キャプテンにあたるのはいうまでもない。従って，マーケティングにおける統合問題のうち，企業の外部統合を扱う本章では，製販同盟ではなく，むしろ，伝統的な垂直的マーケティング・システムにみる統合を内実とすべきだということになる。つまり，本書が述べてきたのは，ある企業主体にとっての統合であり，上記した垂直的マーケティング・システムでいう統合と同じである。そこには，システムとして統合しようとする主体の強い意図が働いている。したがって，それを企業間関係としてみた場合も，そこには，ある主体の意図による導きがあると理解すべきである。ただし，垂直的マーケティング・システムは，いわゆる消費財流通を想定しており，残念ながら，そこには，生産財流通は含まれていないことに留意しておきたい。

以上のことをまとめるなら，ミクロとマクロの統合的把握というのは，主体によって意図的に統合された垂直的な企業間関係を把握するということになる。

3．ミクロ・マクロの統合的把握(2)
―情報化の影響―

さて，情報化の進展はめざましく，流通・マーケティングにも大きな影響を与えてきた。情報化の影響は，POS，EOS，VANといった情報機器あるいは装置を基盤とした第一段階，そして，電子商取引の普及に伴う第二段階に区分して考えることが重要であり[9)]，製販同盟は，第一段階の新たな製と販の関係を背景として生まれたものである。すでに述べたように，流通局面における情報化は，製と販の対峙という背景のもとで，販に情報優位の状況をもたらした。すなわち，流通経路という視点からすれば，POS情報を入手できるのは，唯一，小売企業であり，消費者との直接的な接点をもたないメーカーに対して，客観的な競争優位性を小売企業に与えたのである。そして，そのことは，情報価値が高まれば高まるほど促進されていった。こうした背景のなかで，情報力をもった小売企業は，いわば対等な形で商品開発力をもつメーカーと同盟関係を結んだのである。言い換えれば，情報化の進展なしに，小売企業がメーカーと対等の立場を築く術はなかったのである。

ところが，電子商取引による情報化の第二段階では，そうした製販同盟を成立させた条件は崩壊することになった。というのも，電子商取引は，インターネットを通じて，すべての企業に消費者と直接取引をすることを可能にしたからである。すなわち，それまで，流通経路上，消費者との直接的な接点を唯一持ち合わせていた小売企業の優位性は，電子商取引の普及によって崩れ去ったのである。端的にいえば，いまや，POS情報は誰でも入手することが可能となったのである。もちろん，消費者のすべてが，また，消費者がすべての局面で，電子商取引を利用するわけではないが，あらゆる企業に公平な機会を与えた電子商取引の普及は，これまでのメーカーと小売企業の関係を大きく変えたのであり，極めて大きな意味がある。

そこで次に，すべての企業がインターネットを通じて消費者との直接取引が可能となったことから，どのような新たな状況が生まれたのかについて具体的にみていく。さて，企業と消費者の直接取引は，マーティングの視点からいえば，いわゆるダイレクト・マーケティングの実施ということであり，要は，その手法が電子化されたということである。そして，この取引の電子化によって企業は消費者との相互作用的なコミュニケーションとダイアドな関係の構築を可能にしたのである。そして，現実的には，たとえば，製品開発プロセスにおいて企業と消費者が相互作用するという局面が新たに生まれることになった。すなわち，これまでの製と販の対峙という視点からすれば，情報化の第二段階は，電子化はすべての企業に公平に作用するとしたが，もし，企業と消費者の関係において，製品を開発するということが重要であるなら，たとえ機会は公平であっても，もともと，製品開発の主体的役割を担ってきたメーカーに有利に作用することになるだろう。

しかし，ここで重要なことは，企業間と企業・消費者間の問題を区別することにある。これまで述べてきたのは，製と販の関係であり，それは，いうまでもなく企業間の問題である。しかし，企業と消費者の直接取引あるいは接点というのは，企業・消費者間の問題であり，その違いは，重要な意味をもっている。もともと，マーケティングというのは，企業と消費者の取引関係を規定するものであり，電子商取引の進展によって，その本質ともいえる直接的な関係がいよいよ前面に押し出されたのである。したがって，ここで為すべきことは，企業と消費者という関係からマーケティングを考えることに他ならない。実は，本書がいうコーポレート・マーケティングというのは，まさにそのことを主張しようとするものである。そして，そのための枠組みは，すでに，第6章で提示した。すなわち，企業者と消費者の関係を規定する際に鍵概念となるものが，市場創造であり，そこで構築された両者の関係のもとにマーケティングは企業内統合を図り，そして，さらに，企業間統合するのである。つまり，市場創造とならぶ鍵概念としての統合は，あくまで企業内および企業間のみに関わるものであり，決して，消費者には及ばない。すなわち，消費者は統合の対象ではない。したがって，まず，考えるべきは企業・消費者の関係なのであり，次に企業の内部関係であり，企業間の外部関係なのである。そして，それら全体を本書では，コーポレート・マーケティングと呼んでいるのである。

そこで，このうちの企業間という外部関係について，さらに検討を進めていく。そのために，今ふたたび，製と販の関係，すなわち生産と流通についてのマクロの議論に戻り，両者の関係がどのような経過を辿ってきたかを踏まえて，ミクロ的な統合的企業間関係の問題に繋げていく。

第2節　統合的な企業間関係

1．生産・流通，消費

経済の仕組みといえば，伝統的な経済学がそうであったように，多くは生産と消費によって説明されてきた。そして，そのことを前提として，流通は生産と消費をブリッジングするものとして位置づけられた。

そうした考え方は，戦後，わが国経済が高度経済成長に向かう際に，いわば大量生産の受け皿として流通を位置づけるという林周二（『流通革命』1962年，『流通革命新論』1964年，中公新書）の議論を生むことになった。林は，生産的側面のますますの近代化に対する流通的側面の後進性を問題意識として，いわゆる経路革命としての流通革命を論じた。ここに経路革命としての流通革命とは，物的流通経路として大型小売業を機能させることを意味し，それは，まさに当時の大量生産体制を流通面から支援しようとするものであった。すなわち，こうした考え方においては，流通の主体性が存在する余地などなかったのである。

これに対して，小売業の産業化を通じて，流通は生産に対峙するものと考えたのが佐藤肇（『流通産業革命』有斐閣，1971年）であった。具体的には，彼は，J. K. ガルブレイス（J. K. Galbraith, *American Capitalism*：*the Concept of Counter-*

vailing Power, Houghton, Mifflin, 1952年，藤瀬五郎訳『アメリカの資本主義』時事通信社，1955年）の拮抗力（countervailing power）概念を引き合いに出し，当時，形成されつつあったメーカー主導型流通システムに対抗すべく小売企業主導型システムの構築を主張した。ところで，生産における規模の経済性の発揮に対抗する手段として，流通において導入されたのがチェーン・オペレーションであり，それは，集中的大量仕入と分散的大量販売の同時展開によって規模の経済性を獲得しようとするものであった。すなわち，このことを通じて流通は，生産に対抗しようとしたのである。端的にいえば，この時期での生産と流通は経済力を巡る対峙ということになり，その構図は，生産への流通による対抗であった。

しかし，情報化の進展は，範囲の経済性という新たな論理を誕生させることになった。それは，企業が関係の対象とする消費者におけるニーズの高度化と深く結びついており，そうした状況下にあって企業は，標準化・画一化した製品の生産から個性化・多様化した製品の生産へとシフトせざるを得なくなった。さらに，個性化・多様化したニーズは，その短サイクル化とも相まって，それらの情報的価値をますます高めていった。それは，前述した情報化の第一段階への突入を意味し，生産と流通の対峙は情報力を巡る新たな局面に至ることとなり，繰り返しとなるが，小売企業に情報優位性をもたらしたのである。そして，生産は，POS 情報の入手に躍起となったなったのであり，そこに，流通への生産による対抗をみることができる。そして，このもとで先にみたような製販同盟が結ばれることになったのである。しかし，この情報優位性は，情報化の第二段階である電子商取引の普及によってすべての企業にニュートラルとなり，生産と流通のどちらが優位かといった，両者を対峙させる構図そのものの意味が薄れることになった。その意味で，情報化の第二段階がもたらした影響はきわめて多大なのである。

それでは，今日，問われているのは何だろうか。端的にいうなら，それは，生産か流通かということではなく，消費を中心として如何に生産・流通がある主体のもとで一体化するかということにある。

2.　生産・流通と統合的な企業間関係

さて，上に指摘された生産と流通の一体的把握は，矢作敏行らによる，1993年の生・販統合マーケティング・システム論にその嚆矢をみることができる[10]。また，基本的に生産の立場ながら，生産と流通をミクロ的な視点から統合的に把握しようとする議論が展開されたのも同じ頃であり，たとえば，1995年の岡本博公による生産と販売のネットワーク論[11]，1997年の浅沼萬里によるメーカーとディーラーのコーディネーション論[12]がそれにあたる。

一方，情報化との関連を前面に押し出した議論に山下洋史らによるe-SCM論[13]がある。これは，生産（サプライヤー・システム）におけるSCMと流通（ディーラー・システム）におけるeビジネスを統合しようとするものである。さて，e-SCMはこれまでと同様に生産と流通を分け，さらに，それがB to B & Cを意味するものだとしていることから，一般的なBとCの区分の上に立つ概念である。そして，その最大の特徴は，Cを潜在的な組織参加者として位置づけ，その取り込みを狙っているところにある。

すなわち，これまでの議論は生産から流通へのアプローチに止まっていたが，e-SCMでは，少なくとも消費者にまで到達したという点で評価することができる。しかしながら，Cを潜在的組織参加者とみなすのは，あくまでe-SCMの考え方であり，そのCから得られるのは，単なる無機的情報でしかない。もともと消費者は自由なのであり，BとCにおいては，そこに相互作用的なダイナミズムが見出されて然るべきである。

すなわち，B to B & CにおけるB to Bは内部的に統合されるとしても，Cは統合的に捉えるべきではなく，むしろ，BとC，すなわち，企業と消費者の主体間関係こそが重要なのである。その意味から，e-SCMもあくまでB to Cモデルとして考えるべきである。そして，B to Bは，すべて企業間の問題であり，それは，本章でいう企業間統合にあたる。さらに，B to Cは，企業・消費者間の問題であり，そこでは，統合ではなく市場創造が鍵概念となる。

3.　企業間統合と垂直的マーケティング・システム

本章の狙いは，マーケティングにおけるミクロとマクロの統合問題を明らかにし，そのことを通じて，コーポレート・マーケティングにおける企業間統合の問題を検討することにある。そこで，これまでの議論を振り返り，さらに，新たな論点を加え，企業間統合の問題に対する纏めをしたいと思う。

さて，マーケティング論の主眼は，伝統的に消費財流通にあり，生産財流通については二次的な扱いをしてきた。したがって，前述のごとく垂直的マーケティング・システムの概念には，生産財流通は入っていない。しかし，第1章で述べたように，取引たるマーケティングは，売り手と買い手による相互作用を旨としており，たとえば，行為主体を企業においたとすれば，当然ながら，その企業は，買い手のマーケティングも遂行する。そして，これまでの多くの説明において，マーケティングは，消費財流通におけるメーカーを想定し，垂直的マーケティング・システムにおいては，消費財卸売業および小売業の統制について議論してきた。もし，ここで，買い手のマーケティングを考えるなら，この消費財メーカーは，生産財卸売業，生産財メーカーを対象とした「取引」を行なうのであり，その意味において，生産財流通にも関わっているのである。したがって，消費財流通のみを視野においた，これまでの垂直的マーケティング・システムの考え方には不備がある。これに対して，e-SCMは，サプライヤー・システムとディーラー・システムを統合的に把握するものであり，この点で優れている。しかしながら，このe-SCMは，先に指摘したように潜在的としながらも顧客を組織構成員として捉えている。本書のこれまでの議論からすれば，顧客は統合の対象ではなく，この点において，e-SCM概念にも検討の余地がある。

したがって，以上のことを単純化してしまえば，垂直的マーケティング・システムの考え方に，e-SCMがそうであるように生産財流通を組み込み，しかし，e-SCMの考え方のように消費者を潜在的組織参加者とせず，また，企業と消費者の相互関係に規定された有機的な企業間関係として本章が意図する企業間統合をモデル化することができる（図表9-1参照）。

図表9-1　マーケティングにおける企業間統合の位置づけ

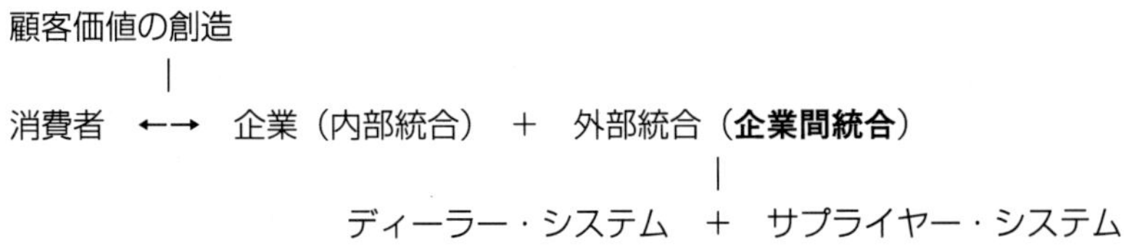

顧客価値の創造
｜
消費者 ←→ 企業（内部統合） ＋ 外部統合（**企業間統合**）
｜
ディーラー・システム ＋ サプライヤー・システム

このように，いわば対象範囲を拡張した垂直的マーケティング・システム概念のもとに，マーケティングの企業間統合を考えれば良いが，垂直的マーケティング・システムそれ自体は，第7章で示したように，マーケティングが価値共創マーケティングと価値所与マーケティングに二分する以前の価値所与マーケティングの考え方が支配的な時代に提示されたものである。したがって，そこにおける論理は，明らかに価値所与マーケティングと軌を一にしている。そこで，拡大された垂直的マーケティング・システムとこれまで述べてきたマーケティングの企業間統合とを比較することで，本書が提示しようとするコーポレート・マーケティングにおける企業間統合の考え方を浮き彫りにする。

さて，いうまでもなく，垂直的マーケティング・システムは，生産と流通，あるいはメーカー，卸売業，小売業という分業を前提とした考え方である。そして，すでにみたように，そのシステムは誰が主導しようが構わない。すなわち，「運営の経済性および市場効果の極大を達成するためにあらかじめ構築された，専門的に管理され集中的にプログラム化される仕組み[14]」が垂直的マーケティング・システムなのであり，ここに市場効果とは，消費者との高い適合を意味しているのはいうまでもない。したがって，先に述べた分業のままのものが伝統的な流通チャネル，すなわち，「製造業者，卸売業者，小売業者はゆるやかにしか関係づけられておらず，それぞれが，距離をおいて，取引にあっては交渉を攻撃的に展開するが，それ以外の時には自律的に行動してきたというような，極めて個別分散的な仕組み[15]」ということになる。

以上のことから，垂直的マーケティング・システムの対象範囲を生産財流通に拡大すれば，そして，それら企業が統合的に把握されればコーポレート・

マーケティングにおける企業間統合ということになる。しかし，ことはそう単純ではない。何故なら，垂直的マーケティング・システムに限らず，ここでの前提となっているのは，まさに分業であり，各主体は自分の利益を追求する。すなわち，垂直的マーケティング・システムは，「強いチャネル・メンバーがチャネル行動をコントロールしたり，また，個々のメンバーが自己目的を追求しようとする際に生じるコンフリクトを排除したりした結果生まれた[16]」のであり，メーカー，卸売業者，小売業者の何れか強いチャネル・キャプテンによって，他のチャネル・メンバーが統合されたシステムなのである[17]。言い換えれば，個と個，個と体の利益調整こそがこのシステムの本意なのであり，調整された全体として、消費との適合を意図するものなのである。

これに対して，本章が示してきたのは，企業・消費者間の市場創造を内実とする相互作用関係を起点とした企業内部統合をへた，企業間統合なのであり，あくまで顧客価値の創造が本意であり，そのために，ビジネスの仕組みとして，最大限，ディーラー・システム，サプライヤー・システムの何れも含むという形をとるのである。

したがって，結果としての各主体もすべて顧客価値の創造を目途としており，そこにコンフリクトは発生せず，利益調整の必要もないのである。

注

1） 以下，製販同盟に関する記述は，村松潤一「製販同盟の台頭と展開」松江宏編著『現代流通論』同文舘出版，2001年による。
2） 矢作敏行「『取引』から『提携』へ垂直的戦略提携・試論」『RIRI 流通産業』第26号第5号，1994年。
3） 渡辺達朗『流通チャネル関係の動態分析』千倉書房，1997年，9～14ページ。
4） 上原征彦「流通のニューパラダイムを探る」宮下正房編著『流通の転換―21世紀の戦略指針』白桃書房，1997年，12ページ。
5） 同上，17ページ。
6） 上原征彦『マーケティング戦略論―実践パラダイムの再構築』有斐閣，1999年，249ページ。
7） 渡辺達朗，前掲，18ページ。
8） 以下，情報化に関する記述は，村松潤一「現代流通と情報化」松江宏編著『現代流通論』同文舘出版，2001年による。
9） F. E. Webster, Jr., "The Changing Role of Marketing in the Corporation," *Journal of Marketing*, Vol. 56, October, 1995, p. 2.
10） 矢作敏行，小川孔輔，吉田健二『生・販統合マーケティング・システム』白桃書房，1999年。

11)　岡本博公『現代企業の生・販統合』新評論，1995年。

12)　浅沼萬里『日本の企業組織―革新的適応のメカニズム』東洋経済新報社，1997年。

13)　山下洋史・諸上茂登・村田潔編『グローバル SCM ―サプライチェーン・マネジメントの新しい潮流』有斐閣，2003年。

14)　P. Kotler, *Principles of Marketing*, Prentice-Hall, 1980, p. 429. 村田昭治監修『マーケティング原理』ダイヤモンド社，1981年，519ページ。

15)　*Ibid.*, p. 429，邦訳，518～519ページ。

16)　P. Kotler and K. L, Keller, *Marketing Management*, 11th ed., 2003, p. 522.

17)　*Ibid.*

第10章
企業文化とマーケティング
—内・外統合の紐帯としての企業文化—

これまで，マーケティングにおける統合問題を内部統合と外部統合に区分し検討してきたが，これら統合の紐帯として機能するのが企業文化である。ここでは，企業文化の議論が，どのような背景のもとで生まれたのか，また，企業文化とマーケティングにはどのような関係があるかについて明らかにする。さらに，ほぼ同時期に生まれたマーケティング理念あるいはマーケティング・コンセプトを市場志向として測定しようとする議論との整合性についても考える。

●第1節●　日本企業の経営の評価と企業文化論の登場

1.　日本企業の経営の特徴と評価

1980年代のアメリカ企業の国際競争力低下は，日本企業の国際競争力向上と相対するものと理解できる。つまり，日本企業の隆盛とアメリカ企業の衰退は密接に関連していたのである。そうしたなか，アメリカ企業は日本企業への関心を高めていった。そして，日本企業の経営に対する評価は，マネジメントに新たな研究領域である企業文化論を誕生させることになった（補論を参照のこと）。

さて，日本企業の経営の特徴は，端的にいってその長期志向経営にある。つまり，アメリカ企業とは異なり，日本企業は長期的視点にたって製品および市場を開発するのである。当時のアメリカ市場における日本企業の成功は，コトラーらによって次のように説明されている。曰く，日本企業は，「正面衝突を避け，目立たぬように端を少しずつかじり，そして優勢になったら正面攻撃を仕掛ける」[1)]のである。そこには，綿密な分析に基づいた遠大な戦略が描かれているが，それは長期志向経営という経営体質をもつ日本企業だからこそ可能なのである。つまり，コトラーは，競争志向に明け暮れ，マーケティングを忘れたアメリカ企業を痛烈に批判したのである。

ところで，外国人による日本企業に対する関心は，よく知られているようにアベグレン（J. C. Abegglen,）に遡ることができる。アベグレンは，その著書（Abegglen, J. C., *The Japanese Factory*, Free Press, 1958. 占部都美監訳『日本の経営』ダイヤモンド社，1958年）で，日本企業の特質として終身雇用，年功賃金，集団責任等を指摘した。そして，日本経済が高度成長を突き進むなかで日本的経営論はひとつのジャンルを形成することになった。そして，日本的経営は国内的には先進国企業に対する遅れとして論じられた。ところが，皮肉にも，1980年代に日本企業がアメリカ企業にキャッチアップすると，アメリカは日本的経営を高く評価することになった。

まず，オオウチ（W. G. Ouchi,）は，「日本的アプローチが一部のアメリカの会社にもみられるのではないか」[2)]という命題を打ち立て，それを確かめるために，日本企業とアメリカ企業の比較，日本的な特徴をもつアメリカ企業の分析をおこなった。その結果，①個人個人の行動が親密に結び付いている日本企業がＪタイプ，②人々のお互いの結びつきが薄い典型的なアメリカ企業がＡタイプ，③日本の企業に類似した多くの特徴をもっているアメリカ企業がＺタイプと呼んだ。そして，彼はＺタイプのアメリカ企業の事例をいくつかあげ，実は，それらは何れもアメリカで生まれ発展してきたことを明らかにし，先にあげた命題を検証したのである。すなわち，Ｚタイプのアメリカ企業は，日本的な経営を自然と持ち合わせていたのである。

2.　エクセレント・カンパニーと企業文化論

さらに，ピーターズ＝ウォータマン（T. J. Peters and R. H. Waterman）は，オオウチと同じような視点から，詳細な研究調査を行なった。つまり，日本企業の成功は，決して日本的だからではなく，むしろ，日本的といわれている部分は不況にあって業績を上げているアメリカ企業にも共通してみられるとした。そして，業績の優れた企業をエクセレント・カンパニーと呼び，それは，次のような8つの基本的特質をもっているとした[3)]。①行動の重視，②顧客に密着する，③自主性と企業家精神，④人を通じての生産性向上，⑤価値観に基づく実践，⑥基軸から離れない，⑦簡素な組織・小さな本社，⑧厳しさと緩やかさの両面を同時にもつ。若干の説明を加えるなら，「行動の重視」とは，これまでのような机上での分析を中心とするのではなく，あくまで行動を重視するということであり，「顧客に密着する」とは，新製品アイデアをはじめ企業経営のあり方を顧客から学ぶということである。「自主性と企業家精神」は，リスクをおそれない経営姿勢の重要性をいっている。また，「ひとを通じての生産性向上」は，現場の声を尊重するということであり，それは，ボトムアップ型経営へと昇華されていく。「価値観に基づく実践」は，組織の末端まで浸透した価値観に基づいて実践がなされるべきであり，「基軸から離れない」とは，要するに本業重視の経営を目指せということである。また，「簡素な組織・小さな本社」は，命令系統が明確で権限委譲のなされた組織が望ましいことをいっており，最後に，「厳しさと緩やかさの両面を同時にもつ」というのは，経営の要諦に対する徹底的な管理の反面，自主性が尊重されることをいっている。

このように，オオウチ，ピーターズ＝ウォータマンは日本企業の経営を高く評価しながらも，それは固有のものではなく，むしろ，業績のよい企業に共通してみられる特徴だと指摘したのであり，彼らの主張の根底には，先にあげたアメリカ企業の経営体質への批判があったのである。

何れにせよ，こうした日本企業の経営に対する関心とその評価，そして，エクセレント・カンパニーの出現が内部的な企業文化への関心を高め，企業文化論を誕生させたのである。

一方，1990年代になると，こうしたマネジメントにおける内部環境への関心はますます高まっていった。すなわち，能力・資源ベースのマネジメントの登場である。

その代表的な論者に，ハメル＝プラハラド（G. Hamel and C. K. Prahalad）がいる。彼らの主張は，上述のオオウチやピーターズ＝ウォータマンと同じように1980年代の日本企業の成功を土台としている。つまり，アメリカ産業・企業の復活のためになされたリストラクチャリング，リエンジニアリングは，それぞれ事業部の再編成と人員削減，業務プロセスの継続的改善を内容とするもので，何れも，対症療法でしかなく，むしろ，必要なのは産業そのものを創出する能力だとしたのである。そして，この企業内部で培われた能力こそがコア・コンピタンスであり，それは，「顧客に特定の利益をもたらす一連のスキルや技術[4)]」として定義された。

●第2節●　企業文化とマーケティング理念・コンセプト

それでは，企業文化とマーケティングの関係をどのように捉えたらよいのか。そのために，企業文化とは何かを改めて明らかにする必要がある。そして，そのうえで，マーケティングとの関わりを議論しなくてはならない。

1.　企業文化とマーケティング理念

企業文化への関心は，1990年代にマネジメントが内部志向に回帰したことから高まったが，企業文化そのものをどのように把握するかについてはさまざまな見解がある。また，企業文化という考え方とマーケティング理念あるいはマーケティング・コンセプトに基づいた企業経営とは相通じるものがある。

（1）　企業文化の主要な構成要素

さて，コトラーは，企業文化を「組織を特徴づける共通の経験，歴史，信念，

図表10-1　企業文化の主要な構成要素

編成原理		構造化
経営理念	⟶	経営文化 ＋ 組織文化

出所：梅澤正『企業文化の革新と創造』有斐閣，1990年，63ページの記述をもとに筆者作成。

行動様式[5]」としており，これに共通の価値という視点を加えることも必要だろう。そして，この企業文化は２つの部分からなると解釈することができる。つまり，企業経営の視点からみれば，ここに挙げられている共通の経験，歴史，信念，そして，価値といったものは，いわば経営理念に反映されるのであり，したがって，企業文化はこの経営理念とそれを実践する行動様式からなっていると考えることができる。

そして，梅澤正によれば，企業文化の中核には経営理念があり，この経営理念を編成原理にして企業文化は経営文化および組織文化として構造化されることになるが[6]，ここでいう経営文化と組織文化は，上述した行動様式を具体化するものであると考えられ，これらの関係は，以下のように示すことができる。

（2）　企業文化とマーケティング理念との接点

企業文化は経営理念を編成原理として経営文化と組織文化を構造化するものであり，それは内に向いている。一方，マーケティング理念は，いうまでもなく外に向いた顧客志向と，内に向いた統合志向，利益志向からなっている。そして，経営理念による構造化という企業文化の考え方は，まさに文化による企業の統合を意味しており，企業文化とマーケティング理念は，内に向いた統合という点で同じ論理をもっている。言い換えれば，企業文化とマーケティング理念の違いは，前者は，あくまで内に向いたものであるのに対して，後者は外に向いた顧客志向と内に向いた利益志向をともにもっている点にある。

ただし，ここで留意しておきたい点がある。本書では，これまでマーケティング理念とマーケティング・コンセプトを区別してきた。すなわち，マーケティング理念は，マーケティングによる他の経営諸機能の統合を念頭において

図表10-2　企業文化とマーケティング理念の関係

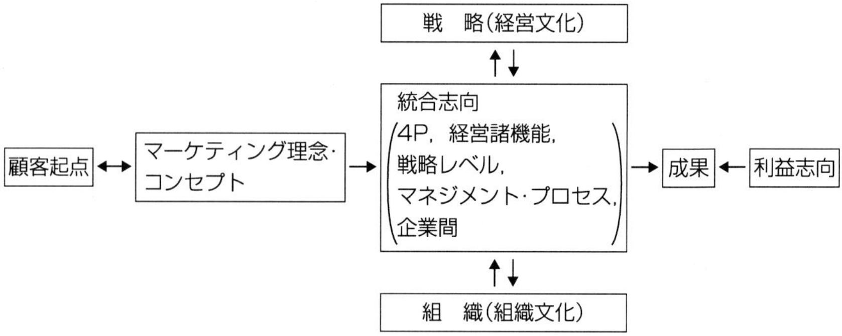

戦　略（経営文化）

↑↓

顧客起点 ↔ マーケティング理念・コンセプト → 統合志向（4P，経営諸機能，戦略レベル，マネジメント・プロセス，企業間） → 成果 ← 利益志向

↑↓

組　織（組織文化）

出所：筆者作成。

いるが，マーケティング・コンセプトの統合の範囲は4Pに止まる。そして，これを戦略レベルの視点からいうと，統合の範囲を企業・事業レベルにおいたマーケティング理念，製品・ブランドレベルにおいたマーケティング・コンセプトということになる。したがって，マーケティング理念およびマーケティング・コンセプトの組織内浸透を企業文化の問題と考えると，両者は，ともに重要な課題といえる。また，第7章で，顧客志向から顧客起点への思考の転換について述べてた。すなわち，顧客志向といえども，それは，企業の経営にあって，あくまで内から外をみるものであり，これに対して，顧客起点というのは，外から内を規定するというものである。そして，それは，本書が提示したコーポレート・マーケティングという考え方において一貫している。したがって，企業文化とマーケティングを考える場合も，この点を強調する必要がある。

さて，企業文化の編成原理としてマーケティング理念，マーケティング・コンセプトを位置づければ，企業の経営は，まず，マーケティング理念，マーケティング・コンセプトから外の顧客起点が表明され，その顧客起点のもとに内に向けて，統合志向のもとで経営文化と組織文化が統合され，その結果が，利益志向のもとで成果に結びつけられるという構図が浮かび上がってくる（図表10-2参照）。そして，その際に，統合の射程に4Pを始めとする内部統合，そして，企業間を対象とする外部統合の問題が入っているのは，いうまでもない。

(3)　エクセレント・カンパニーの外と内

すでにみたように，1980年代の日本企業のキャッチアップを契機として企業文化論が生まれた。したがって，本書がいう顧客起点の考え方を，この時代に求めるには無理があるが，こうした内部志向の考え方にあっても，実は，エクセレント・カンパニーにおいて外の問題である顧客が取り上げられていた。この内と外という視点から，再びエクセレント・カンパニーについて考えてみる。

結論を先にいえば，彼らの指摘は，顧客起点ではないものの，いわゆる顧客志向の経営を鮮明に打ち出したものであったといえる。すでにみたように，エクセレント・カンパニーには８つの基本的特質があった。しかし，外と内という視点からみるとそれらは非常に明確に区分することができる。つまり，８つの基本的特質のなかで，唯一，外に向いているのが「顧客に密着する」という基本的特質である。当時，多くのアメリカ企業が競争志向のもとにあった事実を考えるとこれは注目すべき点である。というのは，確かに競争志向は外に向いているが，それはあくまで競合相手をみているに過ぎない。しかし，「顧客に密着する」は，同じく外に向いていてもそれが意味するところはまったく違う。それは，まさに顧客志向の企業経営を示している。そして，そのもとで，達成に必要な経営的，組織的な内的諸条件が実は「顧客に密着する」以外の７つの特徴なのである。

つまり，マーケティングからみれば，ピーターズ＝ウォータマンは顧客志向のもとで内部マネジメントを確立した企業こそがエクセレント・カンパニーだといったのであり，彼らは，顧客志向という経営理念のもとでの経営文化と組織文化，すなわち，企業文化を論じたのである。このように，同じく外の問題でありながら，競争志向ではなく顧客志向を強調したという点でみれば，彼らの主張を高く評価することができる。

2.　企業文化の構造化

それでは，以上のような企業文化とマーケティングの関係を，どのように構造化したらよいのか。すでにみたように，マーケティングは，マーケティング・マネジメント，マネジリアル・マーケティング，そして，戦略的マーケティングの名の下に内部環境への統合的関与を目論んだ。そして，本書では，この内部統合の問題を扱い，さらに，内部統合のもとで企業間という外部統合の問題を提示した。

しかし，それらのことは，いわば企業文化としてのマーケティング理念が浸透することでより円滑に進むと思われる。特に顧客起点という考え方の内部化は，企業文化の構造化によって促進されるが，その構造化は，戦略（経営文化）と組織（組織文化）からなっており，その際に鍵となるのが，実は統合なのである。

（1）　マーケティングにおける統合問題の再考

マネジメントの視点に立ったとき，マーケティングが課題とすべき内外の統合には，何度も繰り返すが，4P の統合，経営諸機能の統合，戦略レベルの統合，マネジメント・プロセスの統合，企業間の統合，の５つがある。

さて，4P の統合は，マーケティングにおける４つのＰがそれぞれ別々に顧客に適合するのではなく，統合されたマーケティング・ミックスとして適合しなくてはならないことを意味している。また，経営諸機能の統合は，まさにマーケティングの視点から他の経営諸機能を統合することであり，戦略レベルの統合は，各マネジメントから導出される戦略を全体として統合することをいう。また，導出された戦略は，それに止まらず，実施・統制される必要がある。これが，マネジメント・プロセスの統合問題である。さらに，企業間の統合は，顧客起点に基づく企業の経営は，ひとつの企業だけでは不可能であり，サプライヤーやディーラーとの企業間関係を統合的に把握することが必要である。すなわち，これらのうち，4P の統合が製品・ブランドレベルの統合でマーケティング・コンセプトによって支配され，経営諸機能，戦略レベル，企業間の統合の３つは，マーケティング理念にもとづいた企業・事業レベルの統合ということになる。さらに，マネジメント・プロセスの統合は，すべての局面に共通する問題といえる。一方，唯一，外部統合であるのが企業間統合であり，その他はすべて内部統合の問題である。

（2）　戦略（経営文化）の構造化

経営文化とは，そこで展開されるマネジメントの特質を指している。したがって，マネジメントから導出される戦略にもその相違はあらわれてくる。

さて，顧客起点の考え方を企業の経営に浸透させるには，戦略の構造化が図られる必要がある。ところで，上述したマーケティングにおける５つの統合は，戦略の視点からみると実は相互に関連している。というのは，もともと，マーケティング理念とマーケティング・コンセプト，企業・事業レベルと製品・ブランドレベル，内部統合と外部統合というのは，それぞれ補完関係にあるからである。

したがって，これらの統合を進めることが戦略の構造化ということになり，その結果は，当該企業の経営文化として定着するのである。特に，本書がいうコーポレート・マーケティングは，顧客起点のもとで，企業の内部だけでなく，一企業の範囲を超え，企業間にまで統合の範囲とされるのであり，それが戦略として一体化することから，経営文化は，サプライヤー・システムやディーラー・システムにまで及ぶことになる。

（3）　組織（組織文化）の構造化

顧客起点を標榜する企業は，当然ながら顧客起点の組織構造をもつ必要があり，それは，企業間にまで及ぶ。すなわち，コーポレート・マーケティングは，顧客起点に基づく企業の経営を考えるものであり，内の組織の在り方を外に求めるのではなく，あくまで，外から内の組織を規定するという意味で，これまでの組織観とは異なっている。

このことと関連して，コトラーは，伝統的な組織がマネジメント階層の下に顧客を位置づけるのに対して，顧客志向の組織は，まず最初に顧客があり，それをマネジメントが各階層で支えるものだとしている[7]。ここで，組織の決定要因が内にあると考えてきた伝統的な組織に代わって，外の顧客にある（顧客志向）と考えるコトラーに注目すべきだろう。しかし，コーポレート・マーケティングは，企業と顧客の新たな関係から議論を始めており，企業は，単に顧客を志向するのではなく，顧客と共創するのである。

したがって，こうした関係を起点として，内部統合と外部統合を図るというのが，まさにコーポレート・マーケティングなのである。

●第3節●　市場志向研究の問題点とマーケティング

さて，企業・事業レベルのマーケティング，すなわち，戦略的マーケティングは，1980年代に成立したが，それは，決して，競争対応のマーケティンを意図するものではなく，むしろ，その鍵概念は，市場創造と統合にあった。

そして，マーケティングにとって市場とは，第7章で確認したように，あくまで消費者集合をいう。こうした考え方は，マーケティング研究に固有の特徴でもある。すでにみてきたように，マーケティング・マネジメント体系においても，そのことは，確認することができる（第1章を参照）。

すなわち，ハワードにおいて統制不可能要因である需要に埋没していた消費者をマーケティング努力の対象として浮かび上がらせたのがマッカーシーである。また，マーケティング戦略（厳密には，市場戦略）を論じたオクセンフェルトがいう標的市場は，明らかに消費者集合を指している。

また，コトラーは，著書 *Marketing Management* の初版（1967年）以来，一貫して，市場を購買者集合として捉えており，最新版（2008年）では，「伝統的に，市場は，購買者と販売者が財を購買したり，販売したりするために集まった物理的な場所だった。経済学者は，個々の製品あるいは製品クラス（住宅市場あるいは穀物市場のような）を取引する購買者と販売者の集合として市場を記述する。〈—中略—〉マーケターは，しばしば，さまざまな顧客グループを包括するために市場という語を用いる。彼らは，産業を構成する者として販売者を，また，市場を構成する者として購買者をみる。[8)]」と述べている。

それ故に，本書が市場創造という場合の市場とは，消費者集合そのものを指しているのであり，それが，需要創造ともいわれる由縁がここにある。

さて，先に述べたように，ピーター—ズ＝ウォータマンは，エクセレント・カンパニーの特質として顧客への密着を指摘したが，それは，まさに企業文化の構成要素としてあげられるのもである。そして，こうした顧客重視の風潮が，マーケティング理念やマーケティング・コンセプトの研究と結びつかない筈はなく，マーケティング研究においては，これまでのような理念的主張に止まるのではなく，その実践化を如何に図るべきかの研究へと向かっていった。

具体的には，ナーバー＝スレーター(J. C. Narver and S. F. Slater)[9)]がそうである。彼らは，市場志向を顧客志向，競争者志向，機能間調整の3つからなるものとして捉え，それらのバランスに注目した。ここで，彼らの市場概念に顧客と競争者の両方が含まれるのは，いうまでもない。そして，そのことは，顧客と競争者が企業によって天秤にかけられることを意味するが，「顧客志向の企業のほうが新たな機会を発見し，長期にわたって利益をもたらす可能性のある戦略を定めることができる[10)]」というコトラーの言葉を待つまでもなく，少なくとも，顧客志向がすべてに優先する。すなわち，彼らは，マーケティング論が伝統的に述べてきた市場概念から逸脱している。

一方,「市場志向」のもとで機能間調整の問題をあげている点については，本書がこれまでに指摘したマーケティングによる他の経営諸機能の統合と基本的に同じ考えといえ，それは，まさに，マーケティングによる企業内部への関与そのものである。

次に，市場志向を具体的に測定する研究として，コーリー＝ジャワスキー(A. K. Kohli and B. J. Jaworski)[11)]があげられる。彼らは，市場志向を，顧客ニーズに関する市場情報の生成と普及，そして，組織的反応とし，その程度は，トップ・マネジメント，部門間，組織システムの関わり合いの内容によって決まり，市場からの情報生成，組織内での普及，市場への反応からなる行動の結果、事業成果がもたらされるという。すなわち，コーリー＝ジャワスキーの市場概念には，消費者あるいは顧客しか含まれず，ここに，ナーバー＝スレーターと大きな違いがある。また，トップ・マネジメント，部門間，組織システムは，本書が述べてきた内的統合における重要な要素となりうる。

それでは，何故，こうした市場志向研究の違い，とりわけ，市場概念に違いが生じたのか。そのひとつの契機は，1980年代にあったと考えられる。すなわち，1980年代といえば，競争戦略論が隆盛した時代である。そして，その影響は，マーケティング研究者にも及ぶこととなった。事実，伝統的マーケティング・マネジメントに競争志向が欠けているとの指摘があがったのは，ちょうどこの頃である。しかし，1980年代といえば，日本企業・産業が米国企業・産業にキャッチアップした時代であり，米国は，規制緩和による経済の活性化を意図し，また，企業にあっては，それまでの競争や分析への偏重，短期志向の経営を反省し，日本企業から顧客重視の経営を学んだ時期である。さらに，マーケティングに求められたのも，新たな産業・市場・製品の創造という本来の，また，固有の機能であったのであり，そのために，マーケティングの戦略レベルの高度化が図られたのである。それでは，マーケティングは競争への対応を排除したのか，といえばそうではない。マーケティングが意図したのは，いわゆるレース型競争であり，それは，新たな市場創造を消費者あるいは顧客からなる市場を第一に志向することにともなう，競争への対応を意味していたのであり，決して，それは，既存の産業組織のもとでのゲーム型競争への対応ではない。すなわち，以上のような相異なる考え方の基で，取り上げる市場概念の相違が生まれたものと考えられる。

また，第7章で述べたように，マーケティングは，顧客志向から顧客起点への転換が求められており，この顧客起点のもとで構築される企業システムのパフォーマンスが問われることになる。すなわち，この意味において「市場志向研究」は精査される必要がある。

注

1） P. Kotler, L. Fahey, and S. Jatusripitak, *The New Competition*, Prentice-Hall International, 1986, p. 46. 増岡信男訳『日米新競争時代を読む』東急エージェンシー，1986年, 17ページ。

2） W. G. Ouchi, *Theory Z：How American Business Can Meet the Japanese Challenge*, Addison-Wesley, 1981, viii. 徳山二郎監訳『セオリーZ：日本に学び，日本を超える』CBS ソニー出版, 1981年，4ページ。

3） T. J. Peters and R. H. Waterman, Jr., *In Search of Excellence：Lessons from Americas Best-Run Companies*, Harper & Row Publishers, 1982, pp. 13-16. 大前研一訳『エクセレント・カンパニー：超優良企業の条件』講談社, 1983年, 46～49ページ。

4） G. Hamel and C. K. Prahalad, *Competing for the Future*, Harvard Business School Press, 1994, p. 219. 一條和生訳『コア・コンピタンス経営：大競争時代を勝ち抜く戦略』日本経済新聞社, 1995年, 254ページ。

5） P. Kotler, *Marketing Management*, 10th ed., Prentice-Hall, 2000, p. 42 恩蔵直人監修月谷真紀訳『コトラーのマーケティング・マネジメント』ピアソン・エデュケーション，2001年, 56ページ。

6） 梅澤正『企業文化の革新と創造』有斐閣, 1990年, 63ページ。

7）P. Kotler, *ibid.*, p. 23. 邦訳, 32ページ。

8）P. Kotler and K. L. Keller, *Marketing Management*, 13th ed., Peason Prentice Hall, 2008, pp. 8-9.

9）J. C. Narver and S. F. Slater, "The Effect of Market Orientation on Business Profitability," *Journal of Marketing*, Vol. 54, October, 1990.

10）P. Koler, *ibid.*, p. 249. 恩蔵直人監修，月谷真紀訳，309～310ページ。

11）A. K. Kohli and B. J. Jaworski, "Market Orientation：The Construct, Research Propositions, and Managerial Implications," *Journal of Marketing*, Vol. 54, April, 1990. および，B. J. Jaworski and A. K. Kohli, "Market Orientation：Antecedents and Consequences," *Journal of Marketing*, Vol. 57, July, 1993.

補　論

経営戦略概念の変遷

—マーケティングとの関係—

経営戦略なるものが注目されるようになったのは1960年代の初めであり，経営戦略論は経営学における新しい研究領域といえる。しかし，経営戦略に対する考え方は，その実践や研究の進展とともに変わってきており，それは企業を取り巻く経営環境の変化と深く関係している。そこで，経営戦略に対する考え方の移り変わりをみることによって，これまでの経営戦略論におけるいくつかの中心的な議論を解き明かしたいと思う。

そして，その際に重要になってくるのが，どのような視点からこの課題に取り組むかである。いうまでもなく経営戦略論議は，それぞれが相互に関連し合いながら行なわれてきた。しかし，経営戦略の関心の重点がどこにあったかといえば，それは企業の内であったり外であったりした。そして，マーケティングが一貫して外に関心をもってきたことを考え合わせると，この内と外という視点から経営戦略概念の変遷をみることの意義は高いといえる。また，これまでの経営戦略論議においては，マーケティング研究者の議論が含まれることもあり，以下，本論も同じ立場から，経営戦略概念の変遷をみていくことにする。

1.　経営戦略論の台頭（内から外）

（1）戦略の概念と成立

経営学は，久しく企業の内に関心をもってきた。すなわち，そこで展開されるマネジメントやその基盤としての組織の研究に多くの努力が傾けられてきた。そして，1960年代に入ると，組織構造を規定するものとしての経営戦略（以下，同意語として戦略を交互に使う）に注目が寄せられるようになった。経営史研究家であるチャンドラー（A. D. Chandler, Jr., *Strategy and Structure：Chapters in the History of the Industrial Enterppise,* The M. I. T. Press, 1962. 三菱経済研究所訳『経営戦略と組織』実業之日本社，1967年）は，アメリカ大企業の組織構造を実証的に分析し，経営多角化にともなう職能的組織から事業部制組織への変化を明らかにし，組織は戦略に従うという有名な命題を示した。すなわち，組織の態様は戦略によって決まるというのである。では，戦略とは何か。彼は「一企業体の基本的な長期目的を決定し，これらの諸目的を遂行するために必要な行動方式を採択し，諸資源を割当てること[1)]」と定義している。すなわち，戦略は計画そのものであり，組織はそのための仕組みであり，その態様は戦略によって規定されるというのである。こうして経営学において初めて明確なる戦略概念が登場したわけだが，チャンドラー自身は戦略そのものに対する関心は高くなく，あくまで組織構造を説明するものとして戦略を取り上げた。

そうしたなか，実践的に意味のある戦略論理とその手続きを示したのがアンゾフ（H. I. Ansoff, *Corporate Strategy：An Analytic approach to Business Policy for Growth and Expansion,* McGraw-Hill, 1965. 広田寿亮訳『企業戦略論』産業能率短大出版部，1969年）である。アンゾフによれば，経営における意思決定には，①製品／市場ミックスの選択に関する戦略的意思決定，②資源の組織化に関する管理的意思決定，③現行業務の最適化に関する業務的意思決定の３つがあるという。そして，②の管理的意思決定と③の業務的意思決定はこれまでの経営学が扱ったきたが，自らが問題とするのは①の戦略的意思決定であるとし，シナジー効果，能力プロフィール，成長ベクトルといった概念を用いて積極的に戦略論を展開した。とりわけ，製品と市場の組み合わせからなる成長ベクトルは，企業が成長戦略を見出そうとする際に有益な指針を与えた[2)]（図表１参照）。このようにアンゾフは戦略の理論化と実践に大きな貢献を果たしたが，ここで経営を内的経営と外的経営に区分するなら，アンゾフのいう意思決定のうち，実は②も③も内的経営問題そのものであり，③こそが外的経営問題を直接扱うものである。つまり，戦略論は外部環境（特に市場環境）への適応という形で明確な方向が示されたのであり，それは，まさに「内」から「外」への関心の移行といえる。

一方，何が組織の有効性を規定するかという伝統的な研究も大きな展開をみせた。端的にいうなら，それはこれまでのような唯一最善の組織を求めるもの

図表１　成長ベクトルの構成要素

使命（ニーズ）＼製品	現	新
現	市場浸透	製品開発
新	市場開発	多 角 化

出所：H. I. Ansoff, p. 109. 邦訳，137ページ。

ではない。ローレンス＝ローシュ（P. R. Laurence and W. Lorsch, *Organization and Environment：Managing Differentiation and Integration,* Harvard University Press, 1967. 吉田博訳『組織の条件適応理論：コンティンジェンシー・セオリー』産業能率短大出版部，1977年）は，組織というのはおかれた環境によって条件付けられていると主張した。すなわち，彼らは，科学，市場，技術／経済といった３つの環境条件をあげ，それらが要求する条件への適合によって組織は環境に適応的であるとみたのである。つまり，環境条件が異なれば組織も異なるというのである。これをコンティンジェンシー理論（条件適応理論）という。ただ，ここで留意しなければならないのは環境をどう捉えるかということである。一般に，環境には内部環境と外部環境があり，コンティンジェンシー理論も環境の捉え方によってさまざまに議論が行なわれる。そうした中，たとえば，市場環境と組織との適合に主眼がおかれた研究についていえば，それは，まさに企業の「外」への関心を示すものといえる。

（２）戦略の階層性

以上みてきたように，経営戦略論の成立とアメリカ大企業の組織構造に対する歴史的な研究や実践的な経営戦略論の展開とは密接な関係があり，そこで念頭におかれているのが，経営多角化を図った大企業である。いうまでもなく，経営多角化とは複数の事業を同時に経営しようとするものであり，そうした企業の戦略には階層性が認められる。すなわち，図表２にみられるように，多角化した企業にあっては，企業（または全社）戦略，事業戦略，機能戦略という３つのレベルで戦略を考える必要があり，これらの３つの戦略は次のように相互に関連している[3)]。

図表２　戦略のレベル

企業戦略	本　社					
事業戦略	A 事業部	B 事業部	C 事業部			
機能戦略	購買	研究開発	生産	マーケティング	人事	財務

出所：筆者作成。

①　**企業戦略**─企業戦略にとって最も重要なのは，企業が進むべき基本的な方向を明らかにすることである。すなわち，対象とする事業とその数の確定を含む企業の目的・目標を決定し，そのために必要な経営諸資源を獲得し，各事業に配分しなければならない。

②　**事業戦略**─企業戦略の決定を受け，それぞれの事業戦略は，消費者ニーズを満足させる事業活動の範囲と目的を競争環境の分析を踏まえながら明らかにし，それらの目的を達成するために策定される。

③　**機能戦略**─いうまでもなく，策定された事業戦略の実施を担うのが機能戦略であり，購買，研究開発，製造，マーケティング，人事，財務といった各機能の目的・目標の選択が含まれ，実行可能なプログラムの作成と実施が重要となってくる。

このように，経営多角化をはかった企業の戦略構造は，階層性という視点に立つことによってより鮮明となる。すなわち，それぞれ3つのレベルにおける戦略は，独自に主体性をもって存在するとともに相互に関連している。

（3）戦略の科学化

繰り返すまでもなく，経営多角化とは複数事業の同時的経営のことであり，それは，本来的に，各事業に対する経営資源をどのように配分するかという意思決定を伴っている。1960年代の安定した経営環境から73年の石油危機を契機とした不安定な経営環境への移行は，この問題をより一層深刻なものとした。そして，各事業部への経営資源の配分を考える際に考慮されたのが，それぞれの事業をとりまく外部環境（とりわけ，市場と競争）である。そうした中，市場環境および競争環境を重視した新しい戦略概念および手法として登場したのがBCG（ボストン・コンサルティング・グループ）が開発したPPM（Product Portfolio Management：製品ポートフォリオ・マネジメント）であり，それらは，数量的なデータ分析によって戦略を考えるものであった。

さて，PPMがもつ戦略論理の基盤となっているものが経験効果である。経験効果とは，累積生産量の増加に伴ってコストが低減することをいう。具体的には，ある製品の累積生産量が倍増するごとに，製造原価のほかに一般管理費，販売費，マーケティング費，流通費などの諸費用を含んだ付加価値コストの合計額が，それも，事前に推定できる一定割合（通常，約20から30%）[4]で減少するという。

以下に述べるように，PPMはこの経験効果を巧みに取り込んだ戦略論理であり手法なのである。

PPMは複数事業からなる企業において最適な資金の流れをマネジメントするものであり，資金の流れは資金の流入と流出という２つの視点から示すことができる。まず，資金流入の大小は，市場シェアの高低によって決まってくる。なぜなら，市場シェアが高ければ，それだけ累積生産量は多く，その結果(つまり，経験効果が示すように)，低いコストでの経営活動が可能であり，最終的に大きな資金流入をもたらすのである。一方，資金流出の大小は，市場成長率の高低によって決まってくる。なぜなら，市場成長率が高ければ，それだけ，新たな競争企業の参入を生むことになり，競争は激化する。その結果，そうした競争状況への対応として多くの資金が必要となり，資金が流出するからである。これらの関係を示したのが，図表３である。多角化企業を構成する各事業は，それぞれの事業の市場シェアと事業が属す市場の成長率に応じ，このマトリクス上にプロットされる。各セルのそれぞれの特徴を考えると，最適な資金の流れは，「金のなる木」にプロットされた事業から得られた資金を「問題児」の事業に投入し，それを「花形」事業に育成することである。そして，その「花形」事業は，市場成長率の低下とともに「金のなる木」へと移り，多量の資金を生むことになる。これが成功的な戦略展開である。そして，こうした外部環境（とりわけ市場環境）の数量的把握と戦略の展開をいわゆる戦略の科

図表3　PPM（市場成長率／市場シェア・マトリクス）

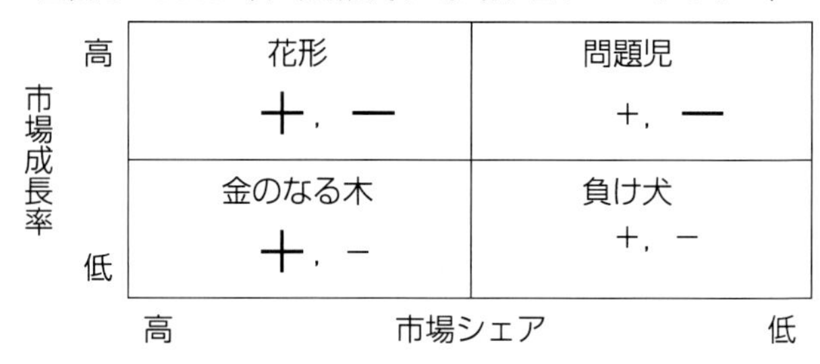

注：＋，＋は資金流入の大小を，また，－，－は資金流出の大小を表す。
出所：筆者作成。

学化として捉えることができる。

このように，経営戦略論は資源配分という内なる課題の解決ためにますます外への関心を高めていったのである。

2．競争志向の経営戦略論（外）

（1）競争戦略の公式化

すでにみたように，1973年の石油危機によって，経済は低成長時代への突入していったが，それは，企業間競争をより激しいものとした。すなわち，総和がゼロの経済にあっては，企業の成長は競争相手の企業に大きく依存する。そうした中，むしろ競争環境そのものへの対応を中心とする経営戦略の考え方が生まれてきた。

ポーター（M. E. Porter, *Competitive Strategy: Techniques for Analyzing Industries and Competitors,* The Free Press, 1980. 土岐坤・中辻萬冶・服部照夫訳『競争の戦略』ダイヤモンド社，1982年）は，業界の構造が行動（戦略）を規定し，そして，成果を規定するという産業組織論における構造―行動―成果パラダイムに従い競争戦略論を明らかにした。競争戦略の構築は，事業が属する業界の競争構造分析から始まる。業界の競争構造は，「新規参入業者の脅威」，「売り手の交渉

図表4　3つの基本戦略

戦略ターゲット		顧客から特異性が認められる	低コスト地位
	業界全体	差別化	コストのリーダーシップ
	特定セグメントだけ	集	中

出所：M. E. Porter, p. 39.　邦訳61ページ。

力」,「代替製品・サービスの脅威」,「買い手の交渉力」,「業者間の敵対関係」という5つの競争要因によって表現されるという。こうして明らかにされた競争構造の下で，企業は自社の戦略を構築するのであるが，それには3つの基本戦略がある。すなわち，ポーターは，競争優位を得るための戦略ターゲットの幅と，競争優位のタイプという視点から，図表4にみられるような戦略類型を示した。ここで，戦略ターゲットとは企業が対象とする市場セグメントのことであり，その幅というのは業界内で戦略ターゲットを広くとるか狭くとるかを問題としている。また，競争優位のタイプには，他社より低いコストと差別化の2つがある。

そこで次に，より具体的にポーターのいう3つの基本戦略を示すことにする。まず，基本戦略には，広く戦略ターゲットをとるものとしてコストリーダーシップ戦略と差別化戦略があり，そして，狭く戦略ターゲットをとるものとして集中戦略がある。

さて，コストリーダーシップ戦略は，業界一の低コストを達成しようとするもので，その方法には，規模の経済性，独自の技術，他社より有利な原材料確保の追求などがある。続いて，差別化戦略は，買い手が重要と思う特性によって競争企業との差別化をはかるものをいい，その方法には，製品自体，流通システム，マーケティングなどによる差別化がある。最後が集中戦略である。これは，戦略ターゲットを狭くとるもので，さらに，コスト集中戦略と差別化集中戦略に区分される。すなわち，狙った狭い戦略ターゲットで，コスト集中戦略はコスト優位を求め，差別化集中戦略は差別化を図ろうとするものである。

以上がポーターの競争戦略論における3つの基本戦略であるが，それは，いうまでもなく企業におけるの事業戦略を扱うものである。すなわち，先にみた戦略階層のうち事業レベルの戦略を念頭に置いたものといえる。

（2）競争地位戦略

こうした戦略論における競争志向への傾倒は，さらに，競争地位に応じた戦略という考え方を生むこととなったが，それは，市場との関わりを強調するマーケティング研究からもたらされた。すなわち，市場におけるシェアに基づいた戦略を明らかにしたのがコトラー(P. Kotler, *Marketing Managemnt : Analysis, Planning, and Control,* 4th ed., 1980. 村田昭治監修，小坂恕・疋田聡・三村優子訳『マーケティング・マネジメント』ダイヤモンド社，1983年）である。コトラーは，市場における競争地位によってリーダー，チャレンジャー，フォロワー，ニッチャーの4類型を識別し，それぞれの特徴及び戦略を明らかにした。そして，嶋口充輝（『戦略的マーケティングの論理』誠文堂新光社，1984年）はこれを発展させ，図表5のような競争地位ごとの競争対抗戦略を明らかにした。それによれば，競争地位に基づく4類型ごとの戦略は次のようになる。

①　**リーダー戦略**：リーダーとは，当該市場において最大の市場シェア，利潤，名声を持つものをいう。したがって，こうしたリーダー企業は最大市場シェアの確保と維持のために全方位型の戦略をとる。そのために，最もうまみのある一次市場だけでなく，すべての市場を対象とした戦略をとる。

②　**チャレンジャー戦略**：チャレンジャーは，リーダーとなるために積極的な攻撃を仕掛ける。しかし，リーダー企業と比べるとチャレンジャー企業は相対的に経営資源が少なく，同じ戦略をとることはできない。リーダー企業との差別化が焦点となる。その際に重要なことが創造性の発揮である。

③　**フォロワー戦略**：リーダーやチャレンジャーを模倣することによって，低い投資コストでの存続を図ろうとするのがフォロワーである。したがって，フォロワー企業の目的は，市場シェアではなく，利潤の獲得そのものにあり，それは，2・3次市場を標的市場とすることによって可能となる。

図表５　競争市場戦略の論理構造

競争地位		競争対抗戦略			
		戦略課題	基本戦略方針	戦略ドメイン	戦略定石
市場リーダー（Leader）	→	・市場シェア ・利　潤 ・名　声	全方位型（オーソドックス）戦略	経営理念（顧客機能中心）	・周辺需要拡大 ・同質化 ・非価格対応 ・最適市場シェア
チャレンジャー（Challenger）	→	・市場シェア	対リーダー差別化（非オーソドックス）戦略	顧客機能と独自能力の絞り込み（対リーダー）	・上記以外の政策（リーダーが出来ないこと）
フォロワー（Follower）	→	・利　潤	模倣戦略	通俗的理念（良いものを安くなど）	・リーダー，チャレンジャー政策の観察と迅速な模倣
ニッチャー（Nicher）	→	・利　潤 ・名　声	製品・市場特定化戦略	顧客機能，独自能力，対象市場層の絞り込み	・特定市場内で，ミニ・リーダー戦略

出所：嶋口充輝，238ページ，一部を割愛。

④　**ニッチャー戦略**：当該市場におけるニッチ（隙間）をみつけ，そこに事業を特化することによって，リーダー，チャレンジャー，フォロワーとの競争を回避しよとするのがニッチャーである。ニッチャー企業の目的は，利潤と名声の獲得にある。自社の経営資源や独自能力を活かしながら標的市場を特定し，その市場のニーズに適合する製品を提供する。

このように，市場における競争地位に応じた戦略の類型化は可能であり，それらは，それぞれの特徴をもって説明することができる。

（3）ドメイン

戦略の構築にはドメインを明らかにする必要がある。ドメインというのは事業の生存領域とか活動領域とかいわれるもので，事業をどう定義するかが問題となる。

かつて，レビット（T. Levit, *Innovation in Marketing: New Perspectives for Profit and Growth,* McGraw-Hill, 1962. 小池和子訳『マーケティングの革新＝企業成長への新視点』ダイヤモンド社，1963年。土岐坤訳『マーケティングの革新＝未来戦略の新視点』ダイヤモンド社，1983年）は，アメリカの鉄道会社が衰退した理由をマーケティングの視点から述べたことがある。すなわち，鉄道会社は自らの事業を輸送事業ではなく，鉄道事業と考えたため，自分たちの顧客を他に追いやってしまったといい，こうした見方を彼は「マーケティング・マイオピア」と呼んだ。説明を加えるなら，事業の定義は，鉄道，すなわち製品という物理的視点ではなく，輸送，すなわち市場という機能的視点からなされるべきだというのである。確かに，そうすることによって増え続ける輸送需要に対応できたはずで，自動車や飛行機といった他の輸送手段への対抗も可能だったと思われる。レビットが指摘するように，事業戦略にとって事業の定義をどのように行なうかは極めて重要なことである。

しかし，レビットの市場，すなわちニーズの視点からの事業定義も，戦略としての事業定義にしては抽象的すぎると批判することもできる。こうした立場から，エーベル（D. F. Abell, *Defining the Business: The Starting Point of Strategic*

図表6　事業定義のために3次元

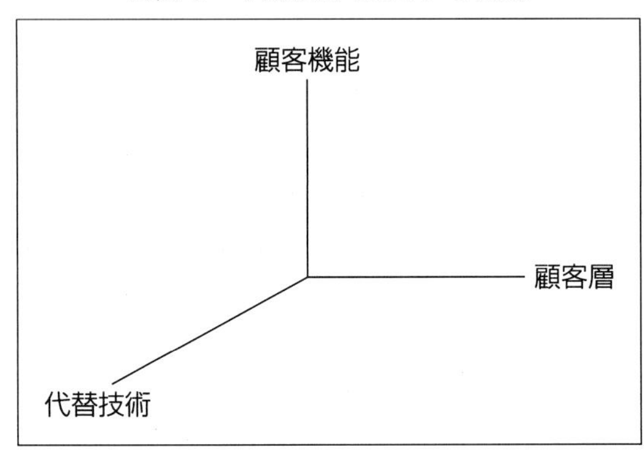

出所：D. F. Abell, p. 39. 邦訳37ページ。

Planning, Prentice-Hall, 1980. 石井淳蔵『事業の定義』千倉書房，1984年）は顧客層，顧客機能，技術という３つの次元から事業の定義を試みた。すなわち，顧客層というのは顧客の集団のことで，いわば Who の問題であり，顧客機能とは顧客のニーズのことで What の問題である。そして，技術というのは，ある顧客集団の顧客ニーズを満足させるための方法，つまり，How を意味している。図表６はこれら３次元を表しており，事業はこの空間において定義される。

このように，この時期における戦略の関心は，まさに「外」そのものにあり，競争や市場といったいわば「外」の環境から戦略が考えられた。

3.　経営戦略論の再構築（外から内）

さて，1980年代を象徴するのがアメリカ産業・企業の国際的競争力の低下であり，かたや日本産業・企業のキャッチアップと日本的経営の評価である。

ヘイズ＝アバナシー（R. H. Hayes and W. J. Abernathy, "Managing Our Way to Economic Decline," *Harvard Business Review,* Vol. 58, July-August, 1980.「経済停滞への道をいかに制御し発展に導くか」（『DIYAMOND ハーバード・ビジネス』1980年11・12月号，所収）は，アメリカ産業の停滞はアメリカの経営者が依拠してきた経営理論に問題があったからだとして，その理論の特徴を，分析的推論と方法論的優雅さを志向するもので，経験に基づく深い洞察力による経営を排除するものだと指摘した。すなわち，それまでの戦略論は，あまりにも分析偏重で計画中心だったというのである。確かに，これまでの戦略論は，企業の市場環境や競争環境という，いわば外部環境の分析を中心として戦略が構築された。それゆえに，計画としての戦略も現場知らずの戦略スタッフによって作成され，それが，うまく実施・統制されるかどうかという点はあまり考慮されなかった。しかし，いくら外部環境を詳細に分析し，戦略を作り上げても，それを実行するのは組織であり，組織が固有にもつ特性あるいは能力といったものを無視することはできない。また，これまでの戦略論はあくまでトップ・ダウンとしての戦略であったが，現場を反映したボトム・アップとしての戦略という側面も重視すべきである。すなわち，ここに至って戦略論は企業の「内」にその関心の重点を移すのであるが，それは，具体的に企業文化論，能力・資源ベースの戦略論，創発型戦略論等の新しい戦略論を誕生させることになった。

（1）企業文化論の成立

さて，上述のアメリカ企業の行き詰まりと日本企業の隆盛という事実は，日本的経営への関心を高めることになった。そして，日本的経営に対する礼賛は，日本企業の経営を如何にして導入するかという，より具体的なものへと変わっていった。そうした中，多くの論者がその困難性を指摘したが，オオウチ（W. G. Ouchi, *Theory Z：How American Business Can Meet the Japanese Challenge,* Addison-Wesley, 1981. 徳山二郎監訳『セオリーZ―日本に学び，日本を超える』CBSソニ出版，1981年）は，それは，移植可能性だと考えた。そして，その考えは，むしろ「日本的アプローチが一部のアメリカの会社にもみられるのではないか」[5]という命題へと発展していった。この命題を確かめるために，オオウチは，日本企業とアメリカ企業の比較，日本的な特徴をもつアメリカ企業の分析を行った。その結果，まず，個人個人の行動が親密に結び付いている日本企業をJタイプ，逆に，人々のお互いの結び付きが薄い典型的なアメリカ企業をAタイプとした。そして，日本の企業に類似した多くの特徴を持っているアメリカ企業をZタイプとしたが，それらは，アメリカでおのずから発展してきたものだと指摘した。すなわち，JタイプとZタイプには相通じるものがあるとし，自らの命題を検証したのである。そして，最終的に，Zタイプの企業となるのはどうすべきかをアメリカ企業に積極的に説いたのである。

同じように，ピーターズ＝ウォータマン（T. J. Peters and R. H. Waterman, *In Search of Excellence：Lessons from Americas Best-Run Companies,* Harper & Row Publishers, 1982. 大前研一訳『エクセレント・カンパニー――超優良企業の条件』講談社，1983年）は，日本企業の成功は，決して日本的だからではなく，日本的といわれている部分は，不況下にあって業績をあげているアメリカ企業にも共通してみられるとし，詳細な研究調査によって，いわゆるエクセレントカンパニー（超優良企業）を特徴づける８つの基本的特質を明らかにした。すなわち，分析に縛られない「行動の重視」，新製品アイディアを顧客から学ぶ「顧客に密着する」，リスクを恐れない「自主性と企業家精神」，現場を尊重する「ひとを通じての生産性向上」，組織の末端にまで浸透した「価値観に基づく実践」，本業重視の「基軸から離れない」，命令系統が明確で権限委譲のなされた「簡素な組織・小さな本社」，経営の要諦に対する徹底的な管理の反面，自主性が尊重される「厳しさと緩やかさの両面を同時に持つ」である。これら8つ基本的特質からわかるように，彼らの主張は，それまでの戦略論が依拠してきた合理主義に対する批判にある。

以上みてきたような組織の特性や風土の重視は，これまでのような「外」に焦点をおいた戦略論に大きな方向転換を迫るものであり，こうした研究は，いわゆる企業文化論を成立させることになった。そして，これ以降，戦略論は「内」に多くの関心を寄せるようになっていった。

（2）能力・資源ベースの戦略論

さて，1990年代になると，戦略論は「内」への関心をさらに高めていく。すなわち，能力・資源ベースの戦略論の誕生である。その代表的な論者がプラハラド＝ハメル（C. K. Prahalad and G. Hamel, “The Core Copmetence of the Corporation,”*Harvard Business Review,* Vol. 68, May-June 1990），ハメル＝プラハラド（G. Hamel and C. K. Prahald, *Competing for the Future,* Harvard Business School Press, 1994. 一條和生訳『コア・コンピタンス経営—大競争時代を勝ち抜く戦略』日本経済新聞社，1995年）である。ハメル＝プラハラドも先に挙げたオオウチやピーターズ＝ウォータマンと同じように日本企業の成功を土台とした議論を展開した。すなわち，随所に日本企業の事例が取り上げられ，彼らのいうコア・コンピタンス論の裏付けとなっている。そして，コア・コンピタンスを，「顧客に特定の利益をもたらす一連のスキルや技術[6)]」と定義した。

まず，彼らは，90年代初めまでのアメリカ企業の苦闘は，それがリストラクチャリング（事業の再構築）やリエンジニアリング（業務プロセスの改善）といった現行の枠内での対処でしかなかったことに起因しているとする。すなわち，リストラクチャリングは事業部の再編成と人員削減，リエンジニアリングは業務プロセスの継続的改善を内容とするが，それらは対症療法でしかなく，必要なのは，産業そのものを創出する能力だというのである。確かに，これまでの戦略論は，競争の問題を考えるにしても，ポーターの競争戦略論に象徴的に見出せるように，所与の産業なり業界なりをまず前提とし，その中で如何に競争するかということに焦点がおかれていた。これに対して，彼らがいうのは，未来のための競争であり，自らが新しい産業あるいは市場を作り出すことに主眼をおいている。つまり，新しい競争舞台を主導的に創造することが成功をもたらすのである。そして，その産業あるいは市場の創造を自社が有すコア・コンピタンスに基づいて創造せよとしたのである。

(3) 創発型戦略

一方，それまでの戦略論における計画中心という側面に対し明確な批判を行ったのがミンツバーク（H. Mintzberg, *The Rise and Fall of Strategic Planning,* Prentice-Hall International Ltd., 1994. 中村元一監訳，黒田哲彦・崔大龍・小高照男訳『戦略計画―創造的破壊の時代』産能大学出版部，1997年）である。

彼によれば，戦略にはいくつか種類があるという（図表7参照)。大きく分けるなら，戦略は意図された戦略と創発型戦略に区分され，さらに，意図された戦略はそれが実現した熟考型戦略と実現しない非実現型戦略に分けられる。そして，これまでの文献が扱ってきたのは意図された戦略であり，それは，組織の中心（計画担当部門）で分析に基づいて計画的に作成され，したがって，意

図表7　戦略の種類

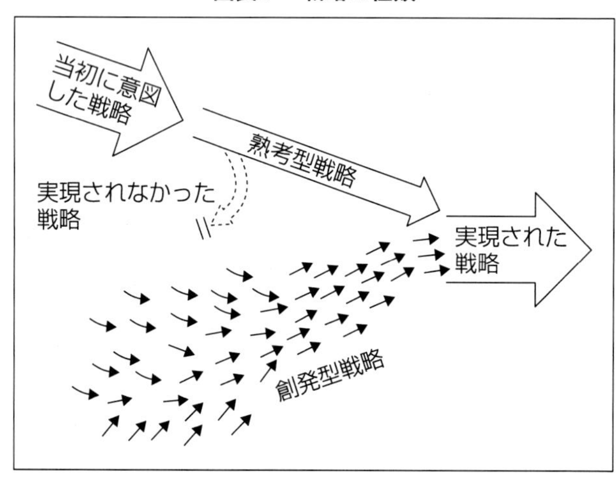

出所：H. Mintzberg, p. 24. 邦訳76ページ。

図された戦略→熟考型戦略→実現された戦略という順序をたどる。しかし，現実には，組織における個々の活動が時間の経過とともにやがて一貫性をもつようになることによって，いわば自然発生的に形成される戦略があるという。すなわち，すべての組織構成員が戦略家となりうるのであり，創発型戦略→実現された戦略という順序となる。こうした区分に立つなら，これまでの分析型戦略論は，まさに意図された戦略を対象としてきたのであり，その立場からは，創発型戦略などみえるはずはない。しかし，現実的にはこの創発型戦略が存在するのであり，ミンツバークは，ここに新しい戦略論の世界を見出そうとしたのである。それは，決して，トップ・マネジメントが計画的に作成するトップダウン型の戦略ではなく，ミドルやロワー・マネジメント，さらには現場から試行錯誤を繰り返しながら形成されるボトムアップ型の戦略なのである。

ミンツバーグは，以上のように計画に基づく戦略を批判したが，さらに，日本企業の成功要因を企業文化にみたアメリカ企業の計画担当者が，自社の企業文化分析を計画作成に組み込むことの愚かさを嘆いてもみせている。つまり，計画中心から脱却できてないというのである。

以上みてきたように，戦略論は，1980年代のアメリカ経済を背景として，一気にその関心の重点を外から内に移し，1990年代にはいると，さらに内への関心を高めた。

4.　経営戦略論の新たな展開（再び外へ）

ところが，再び，経営戦略論の関心は外に向かうことなった。プラハラド＝ラマスワミ（C. K. Prahalad and Venkat Ramaswamy, *The Future of Competition,* Harvard Business School Press, 2004. 有賀裕子訳『価値共創の未来へ―顧客と企業のCo-Creation』ランダムハウス講談社，2004年）によれば，コア・コンピタンスの源泉は消費者および消費者コミュニティにあるという。いうまでもなく，消費者はマーケティングがこれまで扱ってきたものであり，経営戦略論が，この消費者にコア・コンピタンスの源泉を求めるようになったことで，それが関心を寄せる対象において，両者は，重合性を持つこととなった。すなわち，プラハラド＝ラマスワミは，顧客との価値共創が企業の新たな課題であることを指摘したのである。

しかし，外という点でいうなら，実は，先にあげたハメル＝プラハラドは，1994年の時点でコア・コンピタンスの源泉として，サプライヤーおよびパートナーをあげていたのであり，新しい産業あるいは市場の創造ということを述べていた。したがって，経営戦略論における内から外への関心の移動は，1990年代半ばから始まっていたということができる。事実，プラハラド＝ラマスワミは，2004年に，コア・コンピタンスの源泉がどのように変化してきたかについて述べており[7)]，そのことが明確に示されている。すなわち，コア・アコンピタンスの源泉は，1990年までが事業単位，1990年以降がポートフォリオとしての企業，そして，前述のように，1995年以降がサプライヤーおよびパートナーにあったとし，2000年以降は消費者と消費者コミュニティとしている。こうして，今，再び，経営戦略論の関心は外におかれるようになったのである。

5．総括と展望

最後に，これまでの議論を簡単に振り返るとともに，それらを踏まえた戦略の新しい見方についてみておく。

(1) 要　　約

すでに明らかにしたように，戦略論は組織は戦略に従うという命題に始まり，製品／市場ミックスの選択に関わる戦略的意思決定の問題として，また，組織は経営環境に条件付けられるというコンティンジェンシー理論によって，さらには経営資源の配分という内部問題の解決を市場環境要因の数量的分析に委ねるPPMによって，「内」から「外」への関心を増大させていった。そして，競争戦略，競争地位戦略，ドメインといったまさに「外」そのものの分析から戦略を構築しようとする競争志向の戦略論が展開されるようになった。しかし，こうした「外」に焦点をおいた戦略論は，組織の持つ特性や風土，そして，能力といったいわば内部要因との関わりから戦略を考えるべきだという企業文化論，能力・資源ベースの戦略論，さらには，それまでの戦略論はトップダウン型で計画中心の意図された戦略のみを扱ってきたが，戦略には現場から試行錯誤を繰り返しながらボトムアップ的に生まれる戦略があるとした創発型戦略論によって強く批判された。ここに「外」から「内」という戦略論における焦点の移行をみることができた。ところが，コア・コンピタンス論によれば，すでに，1990年代の中頃から，その源泉を外に求めるようになり，さらに，最近では，消費者をその源泉とする新しい考え方がでてきた。

このように戦略論は，「内」と「外」という視点から，研究や実践の焦点がどこにあったかみることができる。しかし，それらの何れが正しいということではなく，それは経済的背景と深く関わっていたことに留意しておきたい。

（2）戦略の新たな枠組（内と外）

さて，これまでの戦略論は，現在と未来の違いはあっても，その土台にあるのは競争の問題であり，また，その際に念頭におかれたのは，あくまで一企業としての戦略であった。しかし，こうしたこれまでの戦略の枠を超える動きがある。そして，それは国際化・情報化の進展によってさらに新しい状況を作りだしている。

その典型的な例として，競争ではなく協調を基盤とした戦略的提携（Strategic Alliance）がある。これは，企業同士が手を結ぶことで，共通する戦略目標の達成のためにパートナーとしての信頼関係に基づいて協力し合い，リスクと報酬を分かち合うものである。言い換えるなら，戦略には，その目標によっては一企業では能力や資源を賄いきれないような場合があり，戦略的提携は，その解決のために結ばれるのである。つまり，これは企業間の協調を土台とした複数企業の戦略なのである。ここに戦略の新しい考え方をみることができる。しかし，戦略的提携は戦略目標が達成されれば解消されるのであり，その意味では，戦略的提携も企業間関係の一形態である。そして，国際化の進展は，企業活動のグローバル化を促進し，戦略的提携も国際的な展開をみせるようになっている。

一方，情報化の進展は，企業間における情報の共有化を可能にする。これを情報力あるいは情報資源と考えれば，その共有化とは複数の企業が能力・資源を補完し合うことである。さて，久しく，SCM（Supply Chain Management：サプライチェーン・マネジメント）ということがいわれている。これは，原材料の調達から最終消費者への製品販売に至る一連の活動を統合的に管理しようとするもので，その視野は，企業内部門のみならず企業間にまで及んでいる。そして，このSCMは，先にあげた情報化によってチェーンが全体として情報を共有し，ひとつの組織体として戦略行動をとることを可能にしたのである。

そして，これら企業間関係といった外への関心は，先に述べたコア・コンピタンス論のいうサプライヤーおよびパートナーにその源泉を求めるという考え方と軌を一にしている。すなわち，今日，一企業を乗り越え複数企業にまたがる戦略が重要となってきており，それは，まさに内と外の連結による戦略ということになる。そして，さらに，経営戦略論の関心は，消費者にまで拡大し，価値共創の世界を描き出したといえる。

注

1）A. D. Chandler, Jr., *Strategy and Structure：Chapters in the History of the Industrial Enterppise,* The M. I. T. Press, 1962, p. 13. 三菱経済研究所訳『経営戦略と組織』実業の日本社, 1967年, 29ページ。

2）アンゾフが，戦略論として展開した戦略的意思決定，すなわち，製品／市場ミックスの選択問題は，マーケティング戦略論が中心的に扱ってきたものであり，ここに経営戦略論とマーケティング戦略論の重合性の端緒をみることができる。この議論については，以下を参照のこと。村松潤一『戦略的マーケティングの新展開—経営戦略との関係』同文舘出版, 2002年。

3）R. F. Vancil and P. Lorange, "Strategic Planning in Diversified Companies,"*Harvard Business Review,* Vol. 53, January-February, 1975, pp. 82-83.

4）B. D. Henderson, *The Logic of Business Strategy,* Ballinger, 1984, p. 52.

5）W. G. Ouchi, *Theory Z: How American Business Can Meet the Japanese Challenge,* Addison-Wesley, 1981, viii. 徳山二郎監訳『セオリーZ—日本に学び，日本を超える』CBSソニ出版, 1981年，4ページ。

6）G. Hamel and C. K. Prahald, *Competing for the Future,* Harvard Business School Press, 1994, p. 219. 一條和生訳『コア・コンピタンス経営—大競争時代を勝ち抜く戦略』日本経済新聞社, 1995年, 254ページ。

7）C. K. Prahalad and venkat Ramaswamy, *The Future of Coppetition,* Harvard Business School Press, 2004, p. 141. 有賀裕子訳『価値共創の未来へ—顧客と企業のCo-Creation』ランダムハウス講談社, 2004年, 215ページ。

〈参考文献一覧〉

＊文中・章末のものを含む

Aaker, D. A. (1984), *Strategic Market Management*, John Wiley & Sons.

Abell, D. F. and J. S. Hammond (1979), *Strategic Market Planning：Problems and Analytical Approach*, Prentice-Hall. 片岡一郎・古川公成・滝沢　茂・嶋口充輝・和田充夫訳『戦略市場計画』ダイヤモンド社，1982年。

Alderson, W. (1965), *Dynamic Marketing Behavior*, Richard D. Irwin. 田村正紀・堀田一善・小島健司・池尾恭一訳『動態的マーケティング行動—マーケティングの機能主義理論』千倉書房，1981年。

Alderson,W and M.H.Halbert (1965), *Marketing in Modern Society*, Prentice-Hall.

Ansoff, H. I. (1965), *Corporate Strategy*, McGraw-Hill. 広田寿亮訳『企業戦略論』産業能率短大出版部，1969年。

Ansoff, H. I. (1978), *Strategic Management*, Macmillan Press, Ltd. 中村元一訳『戦略経営論』産業能率大学出版部，1980年。

Ansoff, H. I. and E. J. McDonnell (1990), *Implanting Strategic Management,* 2nd ed., Prentice-Hall.

Assael, H. (1985), *Marketing Management: Strategy and Action*, Kent.

Baker, M. J.(1985), *Marketing Strategy and Management*, Macmillan Publishing, Ltd.

Barry, T. E. (1986), *Marketing: An Integrated Approach*, The Dryden Press.

Bell, M. and J. W. Vincze(1988), *Managerial Marketing: Strategy and Cases*, Elsevier Science Publishing Co..

Biggadike, E. R. (1981), "The Contributions of Marketing to Strategic Management," *Academy of Management Review*, Vol.6, No.4.

Boyd, H. W., Jr. and O. C. Walker, Jr. (1990), *Marketing Management: A Strategic Approach*, Richard D. Irwin.

Burns, A. and D. W. Cravens eds.(1987), *Readings and Cases in Marketing Management*, Richard D. Irwin.

Bush, P. S. and M. J. Houston (1985), *Marketing: Strategic Foundations*, Richard D. Irwin.

Buzzell, R. D. (1982), "Marketing Management：Past, Present, and Future,"*Proceeding of the Marketing Science Institute 20th Anniversary Conference*, Report No. 82101, MSI.

Buzzell, R. D. and B. T. Gale (1987), *The PIMS Principles*, The Free Press. 和田充夫，87戦略研究会訳『新 PIMS の戦略原則』ダイヤモンド社，1988年。

Buzzell, R. D., B. T. Gale and R. G. M. Sultan (1975), "Market Share—A Key to Profitability," *Harvard Business, Review*, Vol. 53, January-February.

Cady, J. F. and R. D. Buzzell (1986), *Strategic Marketing*, Little, Brown & Company.

Chandler, A. D. Jr. (1962), *Strategy and Structure: Chapters in the History of the Industrial Enterppise*, The M. I. T. Press. 三菱経済研究所『経営戦略と組織』実業之日本社, 1967年。

Cohen, W. A. (1988), *The Practice of Marketing Management: Analysis, Planning, and Implementation*, Macmillan Publishing Co..

Cravens, D. W. (1982), *Strategic Marketing*, Richard D. Irwin.

Cravens, D. W. and C. W. Lamb, Jr. (1983), *Strategic Marketing Case and Applications*, Richard D. Irwin.

Cravens, D. W., G. E. Hills and R. B. Woodruff (1986), *Marketing Management*, Richard D. Irwin.

Cunningham, W. and T. S. Robertson (1983), "From the Editor," *Journal of Marketing*, Vol.47, Spring.

Czepiel, J. A. (1992), *Competitive Marketing Strategy*, Prentice-Hall International Editions.

Davis, K. R. (1985), *Marketing Management*, 5th ed., John Wiley & Sons..

Day, G. S. (1984), *Strategic Market Planning: The Pursuit of Competitive Advantage*, West. 徳永　豊・井上崇通・佐々木茂・首藤禎史訳『戦略市場計画　競争優位の追求』同友館, 1992年。

Day G. S. and R. Wensley (1983), "Marketing Theory with a Strategic Orientation," *Journal of Marketing*, Vol. 47, Fall.

Day, G. S., B. Weitz and R. Wensley eds. (1990), *The Interface of Marketing and Strategy*, Jai Press.

Downing, G. D. (1971), *Basic Marketing: A Strategic Systems Approach*, Charles E. Merrill.

Drucker, P. F. (1954), *Practice of Management*, Harper & Brothers. 野田一夫監修・現代経営研究会訳『現代の経営上・下』自由国民社, 1956年。

Enis, M. M., R. LaGrace and A. E. Prell (1977), "Extending the Product Life Cycle," *Business Horizons*, Vol.20, June.

Foxall, G. R. (1981), *Strategic Marketing Management*, Croom Helm.

Gilbert, Jr., D. R, E. Hartman, J. J. Mauriel and R. E. Freeman (1988), *A Logic for Strategy*, Ballinger.

Gluck, F. W., S. P. Kaufman and A. S. Walleck (1980), "Strategic Management for Competitive Advantage," *Harvard Business Review*, Vol. 58, July-August.「競争に打ち勝つ戦略の管理　その実現への４段階」『ダイヤモンド・ハーバード・ビジネス』1980年11・12月号。

Greeley, G. E. (1993), "Perceptions of Marketing Strategy and Strategic Marketing in UK・Companies," *Journal of Strategic Marketing*, Vol.1, No.3.

Guiltman, J. P. and G. W. Paul (1991), *Marketing Management: Strategies and Programs,* 4th ed., McGraw-Hill International Editions.

Gupta, A. K., S. P. Raj and D. Wilemon (1986), "A Model for Studying R&D—Marketing Interface in the Product Innovation Process," *Journal of Marketing,* Vol.50, April.

Hart, H. L. (1954), *Strategy,* rev. ed., Frederic A. Praeger.

Hamel, G. and C. K. Prahalad (1994), *Competing for the Future,* Harvard Business School Press. 一條和生訳『コア・コンピタンス経営：大競争時代を勝ち抜く戦略』日本経済新聞社，1995年。

Hayes, R. H. and W. J. Abernathy (1980), "Managing Our Way to Economic Decline," *Harvard Business Review,* Vol.58, July-August.「経済停滞への道をいかに制御し発展に導くか」『ダイヤモンド・ハーバード・ビジネス』1980年11・12月号。

Henderson, B. D. (1984), *The Logic of Business Strategy,* Ballinger.

Howard, J. A. (1957), *Marketing Management: Analysis and Decision,* Richard D. Irwin. 田島義博訳『経営者のためのマーケティング・マネジメント　その分析と決定』建帛社，1960年。

Howard, J. A. (1973), *Marketing Management: Operating, Strategic, and Administrative,* 3rd ed., Richard D. Irwin.

Hughes, G. D. (1978), *Marketing Management,* Addison-Wesley. 嶋口充輝・和田充夫・池尾恭一訳『戦略的マーケティング』プレジデント社，1982年。

Hussey, D. F. (1990), "Developments in Strategic Management," in D. E. Hussey ed., *International Review of Strategic Management,* Vol.1, John Wiley & Sons.

Jaworski, B. J. and A. K. Kohli (1993), "Market Orientation: Antecedents and Consequences, *Journal of Marketing,* Vol.57, July.

Jemison, D. B. (1981), "The Importance of an Integrative Approach to Strategic Management Research," *Academy of Management Review,* Vol.24, No.4.

Jemison, D. B. (1981), "The Contributions of Administrative Behavior to Strategic Management," *Academy of Management Review,* Vol.6, No.4.

Keith, R. J. (1960), "The Marketing Revolution," *Journal of Marketing,* Vol.24, January.

Kelley, E. J. (1965), *Marketing: Strategy and Function,* Prentce-Hall. 村田昭治訳『マーケティング：戦略と機能』ダイヤモンド社，1973年。

Kerin, R. A. and R. A. Peterson (1983), *Perspectives on Strategic Marketing Management,* 2nd ed., Allyn & Bacon.

Kerin, R. A. and R. A. Peterson (1993), *Strategic Marketing Problems: Cases and Comments,* 6th ed., Allyn & Bacon.

Kohli, A. K. and B. J. Jaworski (1990), "Market Orientation: The Construct, Research Propositions, and Managerial Implications," *Journal of Marketing,* Vol.54, April.

Kim, W. C., and Mauborgne, R. (2005), *Blue Ocean Strategy: How to Create Uncontested Market Space and Make the Competition Irrelevant,* Harvard Business School Press. 有賀裕子訳『ブルー・オーシャン戦略』ランダムハウス講談社, 2005年。

Koontz, H. and C. O'Donnell (1972), *Principles of Management: An Analysis of Managerial Function,* 5th ed., McGraw-Hill.

Kotler, P. (1967), *Marketing Management: Analysis, Planning, and Control,* Prentice-Hall. 稲川和雄・竹内一樹・中村元一・野々口格三訳『マーケティング・マネジメント上下』鹿島出版会, 1971年。

Kotler, P. (1975), *Marketing for Nonprofit Organization,* Prentice-Hall.

Kotler, P. (1980), *Principles of Marketing,* Prentice-Hall.

Kotler, P. (1988), *Marketing Management: Analysis, Planning, Implementation, and Control,* 6th ed., Prentice-Hall.

Kotler, P. (1991), *Marketing Management: Analysis, Planning, Implementation and Control,* 7th ed., Prentice-Hall.

Kotler, P. and G. Armstrong (1987), *Marketing: An Introduction,* Prentice-Hall International Editions.

Kotler, P. and G. Armstrong (1991), *Principles of Marketing, 5th ed.,* Prentice-Hall International Editions.

Kotler, P., L. Fahey and S. Jatusripitak (1986), *The New Competition,* Prentice-Hall International Editions. 増岡信男訳『日米新競争時代を読む』東急エージェンシー, 1986年。

Kotler, P. and K. L. Keller (2006), *Marketing Management,* 12th ed., Pearson
Education, Inc. 恩蔵直人監修月谷真紀訳『コトラー&ケラーのマーケティング・マネジメント(第12版)』ピアソン・エデュケーション, 2008年。

Koter, P. and K. L. Keller (2008), *Marketing Management,* 13th ed., Peason Prentice-Hall, 2008.

Kumar, N. (2004), *Marketing as Strategy,* Harvard Business School Press. 井上崇通・村松潤一監訳『戦略としてのマーケティング』同友館, 2008年。

Laurence P. R. and W. Lorsch (1967), *Organization and Environment: Managing Differentiation and Integration,* Harvard University Press. 吉田博訳『組織の条件適応理論:コンティンジェンシー・セオリー』産業能率短大出版部, 1977年。

Lazer, W. and J. D. Culley (1983), *Marketing Management: Functions and Practices,* Houghton Mifflin.

Lazer, W. and E. J. Kelly (1961), "The Retailing Mix: Planning and Management," *Journal of Retailing,* Vol.37, No.1.

Lazer, W. and E. J. Kelly eds. (1973), *Social Marketing: Perspectives and Viewpoints,* Richard D. Irwin.

Leontiades, M. (1982), "The Confusing Words of Business Policy," *Academy of Management Review,* Vol.7, No.1.

Levitt, T. (1962), *Innovation in Marketing: New Perspectives for Profit and Growth,* McGraw-Hill. 小池和子訳『マーケティングの革新＝企業成長への新視点』ダイヤモンド社，1963年；土岐坤訳『マーケティングの革新＝未来戦略の新視点』ダイヤモンド社，1983年。

Lehmann. D. R. and R. S. Winer (2005), *Analysis for Marketing Planning,* 6th ed., McGraw-Hill/Irwin.

Luck, D. J. and A. E. Prell (1965), *Market Strategy,* Appleton Century Crofts.

Luck, D. J., O. C. Ferrell and G. H. Lucas, Jr. (1989), *Marketing Strategy and Plans,* 3rd ed., Prentice-Hall.

Lusch, R. F. and S. L. Vargo eds. (2006), *The Service-Dominant Logic of Marketing: Dialog, Debate, and Directions,* M. E. Sharpe, Inc..

Mason, J. B. and H. F. Ezell (1987a), *Marketing: Principles and Strategy,* Business Publication, Inc..

Mason, J. B. and H. F. Ezell(1987b), *Perspective in Marketing,* Business Publications, Inc..

Mayers, J. G., S. A. Greyser and W. F. Massy (1979), "The Effectiveness of Marketing's R&D for Marketing Management: An Assessment," *Journal of Marketing,* Vol.43, January.

McCarthy, E. J. (1960), *Basic Marketing: A Managerial Approach,* Richard D. Irwin.

McCarthy, E. J. (1964), *Basic Marketing: A Managerial Approach,* rev. ed., Richard D. Irwin.

McDonald, M. (1992), *Strategic Marketing Planning,* Kogan Page.

McDonald, M. H. B.(1984), "Applying Portfolio Management to Retailing: Some New Insights," *Marketing Intelligence and Planning,* Vol.2, No.3.

Mintzberg, H. (1994), *The Rise and Fall of Strategic Planning,* Prentice-Hall International Ltd. 中村元一監訳，黒田哲彦・崔大龍・小高照男訳『戦略計画―創造的破壊の時代』産能大学出版部，1997年。

Murray, J. A. (1984), *Marketing Management: An Introduction,* Gill & Macmillan.

Narver, J. C. and S. F. Slater (1990), "The Effect of Market Orientation on Business Profitability," *Journal of Marketing,* Vol.54, October.

O'Shaughnessy, J. (1984), *Competitive Marketing: A Strategic Approach,* Allen & Unwin.

Ouchi, W. G.(1981), *Theory Z: How American Business Can Meet the Japanese Challenge,* Addison-Wesley. 徳山二郎監訳『セオリーZ：日本に学び，日本を超える』CBSソニー出版，1981年。

Oxenfeldt, A. R. (1958), "The Formulation of a Market Strategy," in E. J. Kelly and

W. Lazer eds., *Managerial Marketing: Perspectives and Viewpoints*, Richard D. Irwin.

Oxenfeldt, A. R.（1966）, *Executive Action in Marketing*, Wadsworth.

Parasuraman, A., V. A. Zeithaml, and L. L. Berry（1985）, "A Conceptual Model of Service Quality and Its Implication for Future Research," *Journal of Marketing*, Vol.49, Fall.

Park, C. W. and G. Zaltman（1987）, *Marketing Management*, The Dryden Press.

Peters, T. J. and R. H. Waterman, Jr.（1982）, *In Search of Excellence: Lessons from Americas Best-Run* Companies, Harper & Row Publishers. 大前研一訳『エクセレント・カンパニー：超優良企業の条件』講談社，1983年。

Pine, B. J. II and J. H. Gilmore（1999）, *The Experience Economy*, Strategic Horizons LLP. 岡本慶一・小高尚子訳『新訳　経験経済—脱コモディティ化のマーケティング戦略』ダイヤモンド社，2005年。

Porter, M. E.（1980）, *Competitive Strategy*, The Free Press. 土岐　坤・中辻萬治・服部昭夫訳『競争の戦略』ダイヤモンド社，1982年。

Porter, M. E.（1981）, "The Contributions of Industrial Organization to Strategic Management," *Academy of Management Review*, Vol.6, No.4.

Prahalad C. K. and G. Hamel（1990）, "The Core Copmetence of the Corporation," *Harvard Business Review*, Vol.68, May-June.

Prahalad, C. K. and venkat Ramaswamy（2004）, *The Future of Competition*, Harvard Business School Press. 有賀裕子訳『価値共創の未来へ—顧客と企業のCo-Creation』ランダムハウス講談社，2004年。

Quinn, J. B., H. Mintzberg and R. M. James（1988）, *The Strategy Process: Concepts, Contexts, and Cases*, Prentice-Hall International Editions.

Rue, L. W. and P. G. Holland（1989）, *Strategic Management: Concept and Experiences*, McGraw-Hill.

Schmitt, B. H.（2003）, *Customer Experience Management*, John Wiley & Sons, Inc. 嶋村和恵・広瀬盛一訳『経験価値マネジメント—マーケティングは，製品からエクスペリエンスへ』ダイヤモンド社，2004年。

Shaw, A. W.（1915）, *Some Problems in Market Distribution*, Harvard University Press. 伊藤康雄・水野裕正訳『市場配給の若干の問題点』文眞堂，1975年．丹下博文訳『市場流通に関する諸問題』白桃書房，1992年。

Schoeffler, S., R. D. Buzzell and D. F. Heany（1974）, "Impact of Strategic Planning on Profit Performance," *Harvard Business Review*, Vol.52, March-April.

Smith, W. R.（1958）, "Product Differentiation and Market Segmentation as Alternative Marketing Strategy," in E. J. Kelly and W. Lazer eds., *Managerial Marketing: Perspectives and Viewpoints*, Richard D. Irwin.

Springer, C. H.（1973）, "Strategic Management in General Electric," *Operations*

Research, November-December.

Stanton, W. J. (1981), *Fundamentals of Marketing*, 6th ed., McGraw-Hill.

Stanton. W. J., M. J. Etzel and B. J. Walker (1991), *Fundamentals of Marketing*, 9th ed., McGraw-Hill.

Taylor, F. W. (1911), *The Principles of Scientific Management*, Harper & Brothers Publishers. 上野陽一訳・編『科学的管理法〈新版〉』産業能率短期大学出版部, 1969年。

Thomas, H. and D. Gardner eds. (1985), *Strategic Marketing and Management*, John Wiley & Sons.

Tilles, S. (1963), "How to Evaluate Corporate Strategy," *Harvard Business Review*, Vol. 44, July-August.

Urban, G. L. and J. R. Hauser (1993), *Design and Marketing of New Products*, 2nd ed., Prentice-Hall.

Vancil, R. F. and P. Lorange (1975), "Strategic Planning in Diversified Companies," *Harvard Business Review*, Vol.53, January-February.

Vargo, S. L. and R. F. Lusch (2004), "Evolving to a New Dominant Logic for Marketing," *Journal of Marketing*, Vol.68, January.

Vargo, S. L. and R. F. Lusch (2008), "Service-Dominant Logic : Continuing the Evolution," *Journal of the Academic Science*, Vol.36, Spring.

Verdoon, P. J. (1956), "Marketing from the Producer's Point of View," *Journal of Marketing*, Vol.20, January.

Waterschoot, W. van and C. Van de Bulte (1992), "The 4P Classification of the Marketing Mix Revisited," *Journal of Marketing*, Vol.56, October.

Waterman, R. H. Jr., T. J. Peters and J. R. Phillips (1980), "Structure Is Not Organization," *Business Horizons*, June.

Webster, F. E., Jr. (1981), "Top Management's Concerns about Marketing : Issues for the 1980's," *Journal of Marketing*, Vol.45, Summer.

Webster, F. E., Jr. (1988), "The Rediscovery of the Marketing Concept," *Business Horizons*, May-June.

Webster, F. E., Jr. (1994), *Market Driven Management: Using the New Marketing Concept to Create a Customer Orientation Company*, John Wiley & Sons.

Webster,F. E. Jr. (1995), "The Changing Role of Marketing in the Corporation," *Journal of Marketing*, Vol.56, October.

Weitz, B. A. (1982), "Introduction to Special Issue on Competition in Marketing," *Journal of Marketing Research*, Vol.42, August.

Weitz, B. A. and R. Wensley (1984), *Strategic Marketing: Planning, Implementation, and Control*, Kent.

Wiersema, F. D. (1982), "Strategic Marketing : Linking Marketing and Corporate

Planning," *European Journal of Marketing*, Vol.17, No.6.
Wilson T. ed. (1994), *Marketing Interface: Exploring the Marketing and Business Relationship*, Pitman.
Wind, Y. and T. S. Robertson (1983), "Marketing Strategy : New Directions for Theory and Research," *Journal of Marketing*, Vol.47, Spring.
Zikmund, W. and M. d'Amico (1986), *Marketing*, 2nd ed., John Wiley & Sons.

浅沼萬里（1997）『日本の企業組織―革新的適応のメカニズム』東洋経済新報社。
荒川祐吉（1957）「マーケティング・ミックスの構成と課題」『マーケティング』SPB, Vol.2, No.6.
荒川祐吉（1960）『現代配給論』千倉書房。
荒川祐吉（1965）「経営と市場」平井泰太郎『経営学』青林書院新社。
荒川祐吉（1966）「現代マーケティングの基礎概念」森下二次也・荒川祐吉編著『体系マーケティング・マネジメント』千倉書房。
荒川祐吉（1989）『マーケティング管理論考』千倉書房。
石井淳蔵（1983）『流通におけるパワーと対立』千倉書房。
石井淳蔵（1984）『日本企業のマーケティング行動』日本経済新聞社。
井上崇通（1990）「戦略マーケティングの分析枠組を求めて（一）」名古屋経済大学・市邨学園短期大学社会科学研究会『社会科学論集』第49号。
上原征彦（1986）『経営戦略とマーケティング』誠文堂新光社。
上原征彦（1997）「流通のニューパラダイムを探る」宮下正房編『流通の転換―21世紀の戦略指針』白桃書房。
上原征彦（1999）『マーケティング戦略論―実践パラダイムの再構築』有斐閣。
梅澤　正（1990）『企業文化の革新と創造』有斐閣。
岡本博公（1995）『現代企業の生・販統合』新評論。
奥村昭博（1988）「"ウォール街重視経営"がアメリカ産業をダメにした」『エコノミック・ツデイ』（秋号）。
川上智子（1998）「製品開発におけるマーケティングとR&Dとのインタフェイス」『マーケティング・ジャーナル』第17巻第3号。
川上智子（2001）「マーケティング・R＆D・生産の部門分化と統合」石井淳蔵編『マーケティング』八千代出版。
川上智子（2005）『顧客志向の新製品開発―マーケティングと技術のインタフェイス』有斐閣。
久保村隆祐（1965）『マーケティング管理』千倉書房。
楠木　建（2001）「価値分化と制約条件：コンセプト創造の組織論」一橋大学イノベーション研究センター編『知識とイノベーション』東洋経済新報社。
坂本和一（1991）『21世紀システム　資本主義の新段階』東洋経済新報社。
佐藤邦廣（1988）『マーケティングの基礎論理』同文舘出版。

佐藤 肇（1971）『流通産業革命』有斐閣。
嶋口充輝（1980）「マーケティングからみた戦略市場計画のインパクト」『ダイヤモンド・ハーバード・ビジネス』9-10月号。
嶋口充輝（1984）『戦略的マーケティングの論理』誠文堂新光社。
嶋口充輝（1987）「日本的マーケティング行動について—不合理の合理性仮説とその課題」『日本商業学会年報』。
嶋口充輝（1994）『顧客満足型マーケティングの構図—新しい企業成長の論理を求めて』有斐閣。
白石善章（1987）『流通構造と小売行動』千倉書房。
菅原正博（1988）『戦略的マーケティング』中央経済社。
竹田志郎（1985）『日本企業の国際マーケティング』同文舘出版。
田村正紀（1971）『マーケティング行動体系論』千倉書房。
田村正紀（1989）『現代の市場戦略—マーケティング・イノベーションへの挑戦』日本経済新聞社。
那須幸雄（1989）「コーポレート・チャームの時代におけるマーケティングの展開方向（上）マーケティングの社会過程としての機能を中心に」『日本文理大学商経学会誌』第８巻第１号。
那須幸雄（1991）「コーポレート・チャームの時代におけるマーケティングの展開方向（中）戦略的マーケティングを中心に」『日本文理大学商経学会誌』第10巻第１号。
那須幸雄（1992）「コーポレート・チャームの時代におけるマーケティングの展開方向（下）戦略的マーケティングを巡る議論」『日本文理大学商経学会誌』第11巻第１号。
原田一郎（1992）『戦略的マーケティングの管理 成熟市場でのイノベイティブな発展を求めて』東海大学出版会。
平田 透（2002）「イノベーションとマーケティング戦略」野中郁次郎編『イノベーションとベンチャー企業』八千代出版。
三浦 一（1987）『現代マーケティング論』中央経済社。
三浦 信・来住元朗・市川 貢（1991）『新版マーケティング』ミネルヴァ書房。・三菱総合研究所・佐藤公久・坂本俊造（1991）『アメリカの寿命』PHP 研究所。
村松潤一（1987）「マーケティング・マネジメントから戦略的マーケティングへ」『旭川大学紀要』第25号。
村松潤一（1990）「マーケティング戦略概念の再検討」名古屋経済大学・市邨学園短期大学社会科学研究会『社会科学論集』第49号。
村松潤一（1994）『戦略的マーケティングの新展開—マーケティング・コーポレーションの創造』同文舘出版。
村松潤一（2001）「製販同盟の台頭と展開」松江宏編『現代流通論』同文舘出版。
村松潤一（2001）「現代流通と情報化」松江宏編『現代流通論』同文舘出版。

村松潤一（2002）『戦略的マーケティングの新展開―経営戦略との関係　第二版』同文舘出版。
森　博隆（1985）「戦略計画論と戦略マーケティング　Part1」近畿大学『商経学叢』第32巻第1号。
矢作敏行（1994）「『取引』から『提携』へ垂直的戦略提携・試論」『RIRI 流通産業』第26号第5号。
矢作敏行・小川孔輔・吉田健二（1999）『生・販統合マーケティング・システム』白桃書房。
山下洋史・諸上茂登・村田潔編（2003）『グローバル SCM―サプライチェーン・マネジメントの新しい潮流』有斐閣。
横田澄司（1985）「日本的マーケティングの源流を探る　主としてマーケティング導入期（昭和30年代初期）の検討」『明治大学社会科学研究所紀要』第23集。
横田澄司（1987）「「マーケッティング専門視察団」（1956年）に関する覚え書き　わが国マーケティング導入期における一つの資料」明治大学『経営論集』第34巻第34合併号。
渡辺達朗（1997）『流通チャネル関係の動態分析』千倉書房。

索　引

和文索引

あ行

か行

さ行

た行

欧文索引

人名索引

あ行

か行

さ行

た行

な行

は行

ま行

や行

ら行

わ行

《著者紹介》

村松　潤一（むらまつ　じゅんいち）

岐阜聖徳学園大学経済情報学部教授。博士（経営学，東北大学）
広島大学大学院社会科学研究科教授等を経て，2022年４月より現職。

主な研究業績：『北欧学派のマーケティング研究―市場を超えたサービス関係からのアプローチ』（共編著，白桃書房，2021年），『ケースで学ぶ 価値共創マーケティングの展開―新たなビジネス領域への挑戦―』（共編著，同文舘出版，2020年），『サービス社会のマネジメント』（共編著，同文舘出版，2018年），『ケースブック 価値共創とマーケティング論』（編著，同文舘出版，2016年），『価値共創とマーケティング論』（編著，同文舘出版，2015年），『経営品質科学の研究―企業活動のクオリティを科学する』（分担執筆，中央経済社，2011年），『サービス・ドミナント・ロジック―マーケティング研究への新たな視座―』（共編著，同文舘出版，2010年），『顧客起点のマーケティング・システム』（編著，同文舘出版，2010年），『スマート・シンクロナイゼーション―eビジネスとSCMによる二重の情報共有』（分担執筆，同文舘出版，2006年）

平成21年３月30日　初版発行　　　《検印省略》
令和４年５月12日　初版３刷発行　略称：コーポマーケ

コーポレート・マーケティング
―市場創造と企業システムの構築―

著　者　©村　松　潤　一
発行者　　中　島　治　久

発行所　同文舘出版株式会社
東京都千代田区神田神保町1-41　〒101-0051
電話　営業（03）3294-1801　編集（03）3294-1803
振替　00100-8-42935　http://www.dobunkan.co.jp

Printed in Japan 2009

印刷：広研印刷
製本：広研印刷

ISBN 978-4-495-64252-5